C. Faulhaber
7(9)

AUGUST BOVER I FONT

MANUAL
DE CATALANÍSTICA

Presentació de Josep Massot i Muntaner

DIPUTACIÓ DE TARRAGONA
PUBLICACIONS DE L'ABADIA DE MONTSERRAT
1993

Primera edició, maig de 1993
© August Bover i Font, 1993
La propietat d'aquesta edició és de
la Diputació de Tarragona
i de Publicacions de l'Abadia de Montserrat, S.A.
ISBN: 84-7826-425-6
Dipòsit legal: B. 14.197-1993
Imprès a Novagràfik, S.A. - Puigcerdà, 127 - 08019 Barcelona

Als meus pares, que en temps ben difícils no van dubtar a parlar-me en català.

Als meus fills —Telm, Galdric i Iu—, amb l'esperança que ja no els calgui patir ni lluitar per defensar la seva dignitat, personal o col·lectiva.

A tots els amics i amigues d'arreu del món que estimen aquesta llengua i aquesta cultura.

Presentació

Ara fa una trentena d'anys, quan tot just havia acabat els meus estudis universitaris a Barcelona, Joaquim Molas em va demanar que presentés un panorama dels estudis sobre la literatura catalana duts a terme entre el segle XIX i el segle XX, amb vista a un Congrés de Cultura Catalana clandestí, que va arribar a celebrar-se a empentes i rodolons, però del qual no sortiren mai les actes. Per tal de documentar-me sobre la contribució dels catalanòfils estrangers a una matèria encara suspecta a casa nostra, vaig haver de posar-me en contacte amb múltiples persones d'arreu del món i vaig poder constatar —o confirmar en molts casos— que el català —malvist oficialment als Països Catalans— tenia una vitalitat insospitada a moltes universitats d'Europa i d'Amèrica i que hi havia un bon grapat de persones de bona fe —catalans, sovint exiliats, o estrangers— que l'ensenyaven als seus alumnes i que miraven de desvetllar-hi noves vocacions. Vaig constatar també que aquestes persones se sentien molt aïllades, mancades de l'escalf d'unes institucions catalanes que en aquells moments no existien. Tinc ben present que un il·lustre estudiós de Ramon Llull m'escrivia, sense perdre la compostura britànica: «Ja era hora que algú es recordés de nosaltres!»

D'aleshores ençà, el meu contacte amb els estudiosos de la llengua i la literatura catalanes arreu del món no ha minvat en cap moment. El 1970 vaig tenir la sort de conèixer de prop els principals «monstres sagrats» de la catalanística al Col·loqui de Català celebrat a Amsterdam, i el mateix any —amb motiu d'una estada a Munic— vaig tenir l'avinentesa de posar-me en relació amb catalanòfils alemanys i fins i tot vaig fer una escapada a Suïssa i vaig tenir ocasió de parlar llargament, a Basilea, amb Germà Colon i amb els deixebles a qui havia encomanat el seu entusiasme pel català. El 1973 vaig tenir la sorpresa d'ésser proposat pel meu mestre Antoni M. Badia i Margarit i per la resta de la comissió gestora sorgida al Col·loqui d'Amsterdam —de la qual formaven part Georges Straka, Josep M. Batista i Roca, Felip M. Lorda i Alaiz i Germà Colon— per al càrrec de secretari de la nova Associació Internacional de Llengua i Literatura Catalanes que sorgiria aquell mateix any amb motiu del Col·loqui de Cambridge.

A Cambridge vaig viure de prop l'ambient de l'Anglo-Catalan Society, que ha treballat sempre amb discreció i amb un tarannà estrictament acadèmic, i més endavant he tingut el privilegi de veure néixer de prop associacions similars que han agrupat els catalanòfils d'Itàlia, d'Amèrica del Nord, dels països de parla alemanya i de França. La feina inexhaurible de dirigir les Publicacions de l'Abadia de Montserrat m'ha impedit —com hauria desitjat— d'assistir als col·loquis organitzats per aquestes associacions germanes de l'AILLC, als quals he estat reiteradament i amablement invitat, però m'hi he mantingut present de moltes maneres: contribuint a difondre la notícia d'aquests col·loquis a través de la secretaria de l'AILLC —que ha esdevingut a poc a poc una «banca de dades» considerable i útil per a moltes persones d'arreu del món—, donant-los a conèixer a través dels mitjans de comunicació i, en el cas de la NACS, publicant-ne les actes i altres volums que donen fe de la creixença de la catalanística als Estats Units i al Canadà.

Ara, aquest Manual de catalanística d'August Bover i Font —amic estimat i alumne en altres èpoques a la Universitat de Barcelona— em permet de constatar el llarg camí que hem recorregut en els darrers trenta anys. Com deia Bernat Vidal i Tomàs referint-se als intel·lectuals catalanistes de Mallorca, abans tots els catalanòfils «cabíem en un tramvia», ens coneixíem tots i ens trobàvem i ens ajudàvem amb facilitat. En aquests moments, els estudiosos del català s'han multiplicat i ja esdevé del tot impossible estar al corrent de «qui és qui» i més encara de saber què s'ha publicat aquí o allà i qui treballa o deixa de treballar en una determinada matèria.

Per això, un llibre com el d'August Bover resulta especialment necessari. Sense pretendre dir-ho tot —caldria una biblioteca sencera!— i amb un to modest i senzill, August Bover fa un gran servei a tots els qui s'interessen poc o molt per la llengua, la literatura i la cultura catalanes, tant els qui treballen o estudien als diversos centres dels Països Catalans com —sobretot en la seva intenció— als qui ho fan des de les universitats de l'estranger, del Japó fins a Rússia i Ucraïna, i del Canadà fins a Austràlia.

Fa goig de resseguir els progressos que hem anat fent i ens hem de felicitar que el català hagi passat de la situació de «llengua prohibida» a llengua de cultura estudiada a casa nostra i arreu del món. No convindria, però, que això ens fes caure en un cofoisme excessiu. Hem de ser ben conscients dels problemes enormes que afecten la nostra llengua, sotmesa a un contacte constant amb altres llengües molt més poderoses i amb una oficialitat que el català no té en un grau suficient, i dividida —a l'Estat espanyol— en comunitats autònomes que no sempre saben trobar la via de la col·laboració mútua i que — en el cas del País Valencià— encara perden energies en una estèril guerra de noms i de pseudo-independència. Fins i tot al Principat, on sembla que la normalització lingüística és més gran i on hi ha múltiples iniciatives a favor de la cultura catalana, no sempre el balanç és prou positiu: sovint hi trobem a mancar una política coherent i coordinada, que defugi els focs d'encenalls i les activitats «aparatoses» i que, en canvi, promogui les infraestructures indispensables i afavoreixi la recerca i l'estudi permanents.

És cosa de tots de posar-nos a la feina, conscients que ens cal encara una bona dosi de voluntarisme i que, vulguem o no, continuem essent, com deia Joan Triadú, una «cultura de peatge». I no oblidem que tot el que hem aconseguit fins ara ha

9

estat fruit de la nostra tossuda perseverança i de la tossuderia no menys gran d'un bon nombre de catalans i d'amics de Catalunya esparsos al llarg del món. Amb aquesta mateixa tossuderia fem un acte de fe en el futur, en l'esperança que els fruits que ja constatem seran cada cop més assaonats i que, malgrat els mals averanys, el català continuarà essent una llengua viva i respectada.

JOSEP MASSOT I MUNTANER

Nota introductòria

Ara com ara, la cultura catalana —com a manifestació que és del poble català— es troba encara lluny, malauradament, d'una situació de normalitat. Una realitat com la nostra probablement només té un avantatge: no és fàcil que puguem caure en el triomfalisme. Sense triomfalismes, doncs, amb plena consciència del llarg camí que ens queda per recórrer —tant a l'exterior com a l'interior— i malgrat la crisi econòmica que, amb més o menys intensitat, ha afectat i afecta la comunitat universitària internacional —especialment en l'àrea de les humanitats, començant pels estudis referents a les cultures minoritzades o de poca difusió—, es pot afirmar que en els darrers anys la propagació internacional dels estudis catalans, és a dir, de la catalanística, ha experimentat un progrés esperançador. S'han creat sis associacions internacionals de catalanística, n'han aparegut tres revistes internacionals, s'han celebrat —i continuen celebrant-se— nombrosos col·loquis les actes dels quals es publiquen amb regularitat, s'han elaborat nous materials per a l'ensenyament, s'ha establert el Certificat Internacional de Català, s'han creat nombrosos lectorats i l'oferta d'estudis catalans s'ha ampliat a universitats de països que fins ara no comptaven amb cap mena de tradició catalanista... I encara s'ha produït un altre fenomen: per primera vegada l'interès internacional pel català ha anat més enllà del seu petit feu tradicional, ha superat l'estricte camp filològic i ha començat a introduir-se també, per bé que tímidament, en els àmbits industrials, comercials i turístics. És un fenomen nou, que als filòlegs ens pot sorprendre, però que no hem d'oblidar que aquests, precisament, són els àmbits característics de les llengües vives. Ens trobem, doncs, davant d'una nova etapa per a la consolidació de la qual comença a fer-se imprescindible poder comptar amb nous instruments, com per exemple: almenys un bon diari capaç de fer setmanalment una edició internacional; la posada en funcionament de Ràdio Exterior de Catalunya —tal com unànimement ha demanat el Parlament de Catalunya—; i, especialment, la transmissió via satèl·lit per part dels canals de televisió catalans així com la creació d'un institut de projecció exterior de la llengua i la cultura catalanes «que compti amb la plena participació de totes les administracions territorials que tenen la responsabilitat de defensar i promoure aquesta llengua i aquesta cultura», tal com la Segona Trobada Internacional de Departaments de Català ha demanat oficialment, a València, en el transcurs del sopar dels XXI Premis Octubre.

Aquest *Manual de catalanística*, per exemple, no deixa de ser un reflex d'aquesta nova situació. Uns anys enrera potser no hauria valgut la pena escriure'l: ni disposàvem encara de molts dels materials bàsics ni el nombre de potencials usuaris l'hauria justificat. Ara, en canvi, la situació ha canviat i la compilació i transmissió d'aquests materials i informacions ha anat esdevenint una necessitat.

Per això aquest llibre ha estat escrit pensant en tots els qui es dediquen als estudis catalans fora dels Països Catalans. Bàsicament, en els professors i estudiants universitaris d'arreu que constitueixen la catalanística internacional. Sense que això vulgui dir —si més no, així ho espero— que no pugui ser útil també a d'altres col·lectius, de casa i de fora. I aquesta és, potser, la principal dificultat amb què he topat a l'hora d'escriure'l: un llibre com aquest no pot adreçar-se a un públic gaire precís. El potencial usuari d'aquest llibre respon a una tipologia variadíssima: des d'un professor que ha d'orientar algun alumne que ha de fer un treball sobre dialectologia o sobre Ramon Llull fins a l'estudiant que vol aprendre la llengua perquè a l'estiu farà pràctiques en una empresa catalana o perquè durant l'hivern haurà d'escriure a la seva amiga eivissenca o al seu amic alacantí, passant pel pobre lector a qui han encarregat que dediqui alguna classe a parlar de la indústria turística de Mallorca o de la Costa Brava, de l'arquitectura de Gaudí, dels vins de la Catalunya del Nord, de l'activitat agrícola a l'Horta de València o del Futbol Club Barcelona, per posar alguns exemples extrets de la realitat.

Evidentment, no es pot acontentar tothom. Per tant, he estructurat aquest llibre —i així s'ha d'entendre, doncs— com una mena de «primers auxilis». Com el primer lloc on anar a cercar informació, molt especialment quan s'és lluny de les fonts d'informació catalanes.

D'acord amb aquest plantejament, he dividit el llibre en 7 parts: un resum de la història de la catalanística, bibliografies elementals sobre els Països Catalans, sobre diversos aspectes de la cultura catalana, sobre la llengua i sobre la literatura i una sèrie de 15 apèndixs. La primera part —*La difusió internacional dels estudis catalans*— fa un repàs al progrés de la catalanística durant el segle XX, amb abundants notes bibliogràfiques. En els cinc blocs bibliogràfics que constitueixen les cinc parts següents, lluny de cercar l'exhaustivitat, he optat per donar preferència a les obres introductòries i als treballs de síntesi, on el lector trobarà la informació bàsica i les referències bibliogràfiques fonamentals. Tenint en compte la dificultat, per desgràcia cada vegada més gran, de trobar col·leccions completes de revistes a les biblioteques, només he fet referència a revistes o a articles de revista en casos excepcionals. D'altra banda, sempre que una obra compta amb edicions en diverses llengües les he fetes constar. En el cas de la literatura, no he recollit ni les edicions de textos, ni les introduccions que les acostumen a acompanyar, ni les traduccions d'aquests textos[1] ni les antologies d'un sol autor ni les bio-

---

1. Vegeu, a l'apèndix 10, la informació relativa a la Institució de les Lletres Catalanes.

grafies.[2] Les referències bibliogràfiques les he donades sempre per ordre d'antiguitat, d'acord amb la primera edició, malgrat que algunes d'aquestes obres hagin aconseguit nombroses edicions. Quan no he citat la primera edició, he especificat de quina edició es tracta. En les obres de tipus assagístic he fet constar, sempre que m'ha estat possible, el nombre de pàgines i l'existència o no d'il·lustracions. Naturalment, no tots els apartats contenen el mateix nombre de referències bibliogràfiques, això depèn de la importància temàtica i de l'existència de bibliografia mínimament actual.

En els apèndixs hi he reunit, en 15 apartats, una sèrie d'informacions pràctiques. Informacions especialment necessàries als ensenyants i investigadors de l'exterior per tal de facilitar-les als seus alumnes o bé per organitzar les diferents activitats que els Departaments o els lectorats programen per fer conèixer la cultura catalana als estudiants i professors de les respectives universitats. En utilitzar aquests apèndixs caldrà tenir en compte, però, que de vegades no tota la informació que s'hi dóna respon a realitats d'un mateix nivell i que en molts dels casos es tracta d'un tipus d'informació que pot canviar d'un any per l'altre (adreces i números de telèfon i fax, condicions d'un curs, d'un ajut o d'un premi, creació de nous serveis i institucions o canvis en els existents, etc.). Hom hi trobarà les entitats i associacions que, a l'interior o a l'exterior, s'ocupen dels estudis catalans, així com els estudiosos i els treballs realitzats o en curs (1). I la relació dels cursos de català organitzats a l'estiu per diferents entitats (2), i de les beques i les borses d'estudi per a estudiants (3). Una reflexió sobre el paper dels lectorats de català en els programes internacionals d'intercanvi d'estudiants (4). I informació sobre les subvencions a les traduccions (5), els premis a la projecció

---

2. Les principals col·leccions de biografies són la «Biblioteca Biogràfica Aedos», de la desapareguda editorial Aedos, la «Gent Nostra» —breus i molt il·lustrades—, actualment de l'editorial Labor, i la «Pere Vergés de Biografies» —dedicada a personatges universals del segle xx— d'Edicions 62 i Caixa de Catalunya, totes tres de Barcelona; l'Ajuntament de Palma de Mallorca publica la col·lecció «Biografies de mallorquins».

internacional de la cultura catalana (6), el Certificat Internacional de Català (7), el Màster en formació de professors de català com a llengua estrangera (8), la Comissió de promoció de l'ensenyament del català a les universitats de fora de l'àmbit territorial de Catalunya (9), diferents institucions i serveis de suport a la recerca, a la literatura, a la difusió del llibre, de materials àudio-visuals i de la cultura en general i de suport al turisme (10), la referència dels Departaments de Filologia Catalana i d'altres centres i grups de recerca i de bancs de dades (11) i dels principals arxius i biblioteques dels Països Catalans (12), dels diferents Instituts de Cultura estrangers establerts a Barcelona, Palma de Mallorca i València (13), de les associacions d'amistat amb altres països (14) i de les entitats de premsa i ràdio amb relacions internacionals (15).

En conjunt, he mirat de reunir els que podríem considerar els serveis mínims. Tot i així, i com passa sempre en obres d'aquest tipus, ben segur que el lector hi trobarà algunes mancances. En alguns casos són degudes al fet que les persones o entitats consultades no han tramès la informació demanada. En general, però, caldrà atribuir-les exclusivament a l'autor. És per això que, de cara a una hipotètica nova edició, corregida i augmentada, d'aquesta obra seran benvinguts tota mena d'observacions, suggeriments o esmenes.

Finalment, em plau donar les gràcies a tots els qui m'han ajudat a escriure aquest llibre, especialment als amics i col·legues Emili Boix, Anton Espadaler, Josep Massot i Muntaner, Ramon Pla, Josep Ribas, Fina Salord, Carme Simó, Joan Solà i Antònia Tayadella, per les observacions que m'han fet i les informacions que m'han facilitat, i —lògicament— a la Diputació de Tarragona per la concessió de la XXI Beca «Manuel de Montoliu», sense la qual no hauria estat possible la realització d'aquest treball.

A. B. F.

València - Càller (Sardenya), octubre-novembre de 1992

Sigles (utilitzades en aquest treball o habituals en el món de la catalanística)

ACS = Anglo-Catalan Society.
AFC = Association Française des Catalanistes.
AILLC = Associació Internacional de Llengua i Literatura Catalanes.
AISC = Associazione Italiana di Studi Catalani.
ALTE = Association of Language Testers in Europe.
AORLL = «Anuari de l'Oficina Romànica de Lingüística i Literatura».
BAV = Col·lecció «Biblioteca d'Autors Valencians».
BDLC = «Bolletí [sic] del Diccionari de la Llengua Catalana».
BELLS = «Barcelona English Language and Literature Studies».
BRABLB = «Boletín de la Real Academia de Buenas Letras de Barcelona».
C/LE = Català com a llengua estrangera.
CDACC = Centre de Documentació i Animació de la Cultura Catalana.
CEC = Centre Excursionista de Catalunya.
CIC = Certificat Internacional de Català. Consell Interuniversitari de Catalunya.
CIEMEN = Centre Internacional Escarré per a les Minories Ètniques i Nacionals.
COPEC = Consorci Català de Projecció Exterior de la Cultura.
CREC = Centre de Recerques i Estudis Catalans.

CSIC	=Consejo Superior de Investigaciones Científicas.
CUR	=Comissionat per a Universitats i Recerca.
DCVB	=*Diccionari Català-Valencià-Balear.*
DdB	=«Diari de Barcelona».
DGPL	=Direcció General de Política Lingüística
DGU	=Direcció General d'Universitats.
DKG	=Deutsch-Katalanische Gesellschaft.
DOGC	=«Diari Oficial de la Generalitat de Catalunya».
EOI	=Escola Oficial d'Idiomes.
EUC	=«Estudis Universitaris Catalans».
EUTI	=Escola Universitària de Traductors i Intèrprets.
ICC	=International Certificate Conference.
IEC	=Institut d'Estudis Catalans.
IEI	=Institut d'Estudis Ilerdencs.
IME	=Institut Menorquí d'Estudis.
IPECC	=Institut de Projecció Exterior de la Cultura Catalana.
MOLC	=Col·lecció «Les Millors Obres de la Literatura Catalana».
NACS	=North American Catalan Society.
RABLB	=Reial Acadèmia de Bones Lletres de Barcelona.
SCLL	=Societat Catalana de Llengua i Literatura.
SdO	=«Serra d'Or».
UAB	=Universitat Autònoma de Barcelona.
UB	=Universitat de Barcelona.
UCE	=Universitat Catalana d'Estiu
UIB	=Universitat de les Illes Balears.

I. La difusió internacional dels estudis catalans

Si deixem de banda temes com els estudis lul·lians, que ens remuntarien a l'Edat Mitjana, o la investigació bibliogràfica, que ens duria com a mínim al segle XVII, podem començar a parlar de difusió internacional dels estudis catalans —i, doncs, de catalanística—[1] durant la segona meitat del segle XIX, amb noms com Francesc Cambouliu, Adolf Helfferich, José Amador de los Ríos, Marcelino Menéndez y Pelayo, Enrico Cardona, Francisco María Tubino, Otto Denk o, sobretot, Alfred Morel-Fatio.[2]

Però tot just començat el segle XX es produiria un esdeveniment que, entre altres coses, representaria un impuls decisiu pel que fa a l'interès internacional pels estudis de llengua i literatura catalanes. Fruit de l'apassionament i l'entusiasme de mossèn Antoni M. Alcover, el qual va saber-los encomanar als seus contemporanis, el Primer Congrés Internacional de la Llengua Catalana, celebrat a Barcelona l'octubre de 1906, va representar, certament, l'«apologia i testimoni de la vitalitat de la llengua» —com diu Antoni M. Badia i Margarit—,[3]

---

1. Vegeu el bon resum —fins a 1979— de J[osep] M[assot] M[untaner] *catalanística*, dins Joaquim Molas i Josep Massot i Muntaner [dirs.], *Diccionari de Literatura Catalana* (Barcelona, Edicions 62, 1979), pàgs. 148-150.
2. «Romania» o «Revue des Langues Romanes» van ser algunes de les revistes peoneres a l'hora de publicar aquests primers treballs dedicats a la cultura catalana.
3. *Ciència i passió dins la cultura catalana* (Montserrat, Publicacions de l'Abadia, 1977), pàg. 22.

però no podem oblidar que Alcover treballava en estreta relació amb Bernhard Schädel i que el congrés va comptar amb la participació o l'adhesió de grans romanistes del moment, com ara Alfred Morel-Fatio o Jean-Joseph Saroïhandy, i la dels millors lingüistes catalans, com el mateix Pompeu Fabra.[4]

A continuació vindrien els treballs de Raymond Foulché-Delbosc, que obriria les pàgines de la «Revue Hispanique» als estudis de literatura catalana, la contribució italiana, amb estudiosos com ara Mario Casella, Arturo Farinelli, Ezio Levi o Bernardo Sanvisenti, la implantació dels estudis de llengua i literatura catalanes a Alemanya mercès a Bernhard Schädel, professor de la Universitat d'Hamburg i col·laborador de mossèn Antoni M. Alcover, o la publicació d'algunes obres cabdals, com *Das Katalanische* (1925), de Wilhelm Meyer-Lübke.[5] I encara abans de la guerra espanyola, s'iniciaria la tradició catalanística britànica a l'entorn d'Edgar Allison Peers i del «Bulletin of Hispanic Studies», amb la col·laboració d'altres professors, com per exemple William James Entwistle o Ignasi González-Llubera.

L'any 1943 va publicar-se a Buenos Aires, a cura de Joan Coromines, la *Miscel·lània Fabra*, «recull de treballs de lingüística catalana i romànica» preparat durant la guerra a Barcelona, on ja no es va poder imprimir el 1938, amb col·laboracions de Paul Aebischer, Amado Alonso, Pere Bosch Gimpera, Lluís Faraudo de Saint-Germain, Ferran de Sagarra, Carles Salvador, Manuel Sanchis Guarner o Leo Spitzer, entre altres.[6]

Després de la segona guerra mundial, un altre congrés va centrar l'atenció internacional en els estudis catalans: el

4. Vegeu-ne les actes: *Primer Congrés Internacional de la Llengua Catalana* (Barcelona, Estampa Joaquim Horta, 1908). N'hi ha una edició facsímil (Barcelona, 1986), feta en ocasió del II Congrés Internacional de la Llengua Catalana.
5. Sobre les relacions culturals germano-catalanes, vegeu Dietrich Briesemeister, *Katalonien und Deutschland: ein Überblick über die kulturgeschichtlichen Wechselbeziehungen*, dins «Zeitschrift für Katalanistik», I (1988), pàgs. 11-35.
6. Veg. la recensió de Joan Sales, «Quaderns de l'Exili», 18 (Mèxic 1946), pàgs. 10 i 15. Veg., també, Albert Manent, *La literatura catalana a l'exili* (Barcelona 1976), pàgs. 216-217.

VII Congrés Internacional de Lingüística Romànica, celebrat a Barcelona l'any 1953. Enmig de la persecució de la llengua i la cultura catalanes per part del règim franquista, el congrés de Barcelona va dedicar la major part dels seus esforços a l'estudi del català (unes dues terceres parts de les aportacions científiques) i aquesta va ser la llengua emprada en diverses ponències i comunicacions així com en els debats, en un aplec on coincidien estudiosos d'una vintena de països.[7]

Més o menys per aquesta època, el grup de catalanistes britànics, que havia anat creixent i al qual s'havien incorporat Josep M. Batista i Roca i Joan Mascaró i Fornés, exiliats i professors a Cambridge, preparava a Londres la creació d'una entitat que coordinés els seus treballs i difongués els estudis catalans a la Gran Bretanya. L'any següent, el 1954, constituïen l'Anglo-Catalan Society (ACS) —la degana, doncs, de les associacions de la catalanística internacional—, que a partir de 1955 ha celebrat una reunió anual en diferents universitats britàniques, ha ofert un premi anual als Jocs Florals de l'exili i promou l'intercanvi de joves investigadors britànics i catalans a través d'una beca igualment anual. D'altra banda, i a partir de 1980, va iniciar la col·lecció editorial «The Anglo-Catalan Society Occasional Publications», de la qual han aparegut ja vuit volums.[8]

De mica en mica, i sovint mercès a la insistència de professors catalans exiliats, els estudis de llengua i literatura catalanes van aconseguir de fer-se un lloc en els plans d'estudi d'algunes universitats europees i nord-americanes, destacant la seva importància en els programes d'estudis hispànics o romànics o bé, fins i tot, a través de la creació d'assignatures

7. Veg. el resum d'Antoni M. Badia i Margarit, a *Llengua i cultura als Països Catalans* (Barcelona, Edicions 62, 1972³), pàgs. 185-196.
8. Veg. Robert Pring-Mill, *The Anglo-Catalan Society*, «Bulletin of Hispanic Studies», LIII (1976), pàgs. 99-100; Alan Yates, *L'Anglo-Catalan Society*, «Serra d'Or» (juliol-agost 1978), pàgs. 53-54; l'opuscle *The Anglo-Catalan Society, 1954-1979* (Sheffield 1979); Geoffrey J. Walker, *L'Anglo-Catalan Society, 1954-1981*, «Estudis de Llengua i Literatura Catalanes», V [=*El català a Europa i a Amèrica*] (1982), pàgs. 21-38; i A. Bover i Font, *Catalan Studies in English-speaking Countries*, BELLS, 2 (1989), pàgs. 47-48.

específiques.[9] Tot plegat va fer que el professor Georges Stra-
ka, director del Centre de Filologia i de Literatures Romàni-
ques de la Universitat d'Estrasburg, estimulat per Antoni M.
Badia i Margarit (Universitat de Barcelona) i per Germà Colon
(Universitat de Basilea), oferís aquest centre per celebrar-hi
un col·loqui sobre el català, que amb el títol de *La linguistique
catalane* s'hi va celebrar l'abril de 1968.[10]

L'èxit d'aquest primer col·loqui dedicat a una temàtica ca-
talana va comportar, entre altres conseqüències, que hom es
decidís a celebrar-ne un altre, aquest cop a la Universitat
d'Amsterdam el mes de març de 1970,[11] on va començar a es-
tructurar-se una societat de catalanística d'àmbit internacio-
nal i va ser nomenada una comissió gestora per preparar un
nou col·loqui i redactar el projecte d'estatuts de la futura as-
sociació. El tercer col·loqui va tenir lloc al Fitzwilliam College
de la Universitat de Cambridge,[12] amb la col·laboració de
l'ACS, l'abril de 1973, i hi van ser aprovats els estatuts, s'hi
va nomenar una primera junta i, en definitiva, s'hi va consti-
tuir oficialment l'Associació Internacional de Llengua i Lite-
ratura Catalanes (AILLC).[13]

9. Veg. un primer estat de la qüestió a cura de Xavier Barral i Altet, *L'en-
senyament del català a Europa i Amèrica del Nord* (Barcelona, Gràfiques Ra-
fael Salvà, 1971).
10. Veg. l'edició de les actes: *La linguistique catalane*, a cura d'Antoni M.
Badia i Margarit i Georges Straka (París, Klincksieck, 1973), i la versió catala-
na del pròleg d'A. M. Badia i Margarit, *Ciència i passió...*, pàgs. 129-140.
11. Veg. Josep Massot i Muntaner, *Col·loqui internacional sobre el català
(Amsterdam 16-19 març 1970)*, «Serra d'Or» (abril 1970), pàgs. 43-44, i *Proble-
mes de Llengua i Literatura Catalanes. Actes del II Col·loqui Internacional so-
bre el Català / Amsterdam 1970 /*, a cura de Felip M. Lorda i Alaiz i Jean Roudil
(Montserrat, Publicacions de l'Abadia, 1976).
12. Veg. Francesc Vallverdú, *Abril a Cambridge. Un encontre internacio-
nal sobre llengua i literatura catalanes*, «Serra d'Or» (maig 1973), pàgs. 33-34,
i les *Actes del Tercer Col·loqui Internacional de Llengua i Literatura Catala-
nes*, a cura de Robert B. Tate i Alan Yates (Oxford, The Dolphin Book, 1976).
Sobre les actes d'aquests tres primers col·loquis veg. Lola Badia i Gemma Ri-
gau, *Entorn dels tres primers volums d'Actes dels Col·loquis Internacionals de
Llengua i Literatura Catalanes*, «Els Marges», 10 (maig 1977), pàgs. 97-105.
13. Veg. resumida la història de l'AILLC en l'article de Germà Colon i
Domènech, *L'Associació Internacional de Llengua i Literatura Catalanes (AILLC)*,
dins «Estudis de Llengua i Literatura Catalanes», V, pàgs. 9-19, i també en
els d'A. Bover i Font, *La Asociación Internacional de Lengua y Literatura Ca-*

L'AILLC va organitzar el quart Col·loqui Internacional de Llengua i Literatura Catalanes a la Universitat de Basilea, el mes de març de 1976.[14] I el 1977 la Universitat de la Sorbona posava en funcionament, a París, finançat des de Catalunya i amb un patronat catalano-francès, el seu Centre d'Estudis Catalans.[15] L'any següent, el 1978, es constituïa oficialment, a Roma, l'Associazione Italiana di Studi Catalani (AISC), entitat que un grup de catalanistes italians preparava des de feia un parell d'anys i que actualment celebra un col·loqui cada tres anys i ha donat a conèixer dos valuosos volums bibliogràfics.[16]

És aquest mateix any 1978 que, a l'altra banda de l'Atlàntic, la catalanística nord-americana s'organitza amb una associació pròpia. La col·laboració entre professors catalans exiliats i nord-americans ja havia fet possible, el 1958, la creació d'una secció catalano-provençal —que més endavant s'independitzaria com a catalana— en els congressos anuals de la Modern Language Association (MLA) i havia publicat un volum

talanas (AILLC) y sus coloquios, «Revista Canadiense de Estudios Hispánicos», II, 2 (hivern 1978), pàgs. 188-190, i Josep Massot i Muntaner, _L'Associació Internacional de Llengua i Literatura Catalanes i els seus col·loquis_, «Serra d'Or» (novembre 1982), pàgs. 22-24, i _L'Associació Internacional de Llengua i Literatura Catalanes (1968-1988)_, «Revista de Catalunya», 20 (juny 1988), pàgs. 153-157; així com en els volums _L'Associació Internacional de Llengua i Literatura Catalanes, 1968-1986_ (Montserrat, Publicacions de l'Abadia, 1986), _L'Associació Internacional de Llengua i Literatura Catalanes, 1986-1989_ (Montserrat, Publicacions de l'Abadia, 1989) i _L'Associació Internacional de Llengua i Literatura Catalanes (1968-1992)_ (Montserrat, Publicacions de l'Abadia, 1992).

14. Veg. _A Basilea IV Col·loqui Internacional de Llengua i Literatura Catalanes (II Col·loqui de l'AILLC)_. Joaquim Rafel i Fontanals, _La lingüística_, i Maria-Aurèlia Capmany, _La literatura_, «Serra d'Or» (maig 1976), pàgs. 29-31 i 31-32, respectivament, i les _Actes del Quart Col·loqui Internacional de Llengua i Literatura Catalanes_, a cura de Germà Colon (Montserrat, Publicacions de l'Abadia, 1977).

15. Veg. Joan Salou, _El Centre d'Estudis Catalans de París_, «Serra d'Or» (desembre 1977), pàgs. 44-45.

16. _Il contributo italiano agli studi catalani, 1945-1979_ (Cosenza 1981) i _Bibliografia catalana (Libri 1978-1988) Indici e copertine_ (Nàpols 1988). Sobre l'AISC, veg. Giuseppe Tavani, _L'Associazione Italiana di Studi Catalani_, «Estudis de Llengua i Literatura Catalanes», V [= _El català a Europa i a Amèrica_] (1982), pàgs. 39-41.

d'homenatge a Josephine de Boer,[17] la peonera dels estudis catalans a Nord-Amèrica. Ara celebraven el primer col·loqui d'estudis catalans a Nord-Amèrica,[18] a la Universitat d'Illinois a Urbana-Champaign, els darrers dies de març i el primer d'abril de 1978, on van ser aprovats els estatuts i es va nomenar la primera junta de la North American Catalan Society (NACS).[19]

L'octubre de 1979 va tenir lloc, a Andorra, el cinquè dels col·loquis internacionals de llengua i literatura catalanes,[20] que es va poder cloure amb una sessió a l'Institut d'Estudis Catalans, a Barcelona, aprofitant la nova situació que vivia l'Estat espanyol després de la mort del dictador.

I mig any després, per l'abril, la Universitat de Yale, a New Haven, Connecticut, acollia el segon col·loqui de la NACS.[21] El mateix 1980, fruit de la col·laboració de les quatre associacions internacionals de catalanística existents en aquells moments

17. *Catalan Studies/Estudis sobre el Català*, a cura de Joseph Gulsoy i Josep M. Solà-Solé (Barcelona, Hispam, 1977).

18. Veg. Carme Rei-Granger i Jaume Martí-Olivella, *I Col·loqui d'Estudis Catalans a Nord-Amèrica*, «Serra d'Or» (setembre 1978), pàgs. 33-35 —la notícia de la celebració d'aquest col·loqui va ser publicada també per J. Martí-Olivella a *Situació actual dels estudis catalans a Nord-Amèrica*, «Revue des Langues Romanes», LXXXIII, fasc. 2n. (1978), pàgs. 431-432. La referència de les actes és *Estudis de Llengua, Literatura i Cultura Catalanes*, a cura d'Albert Porqueras-Mayo, Spurgeon Baldwin i Jaume Martí-Olivella (Montserrat, Publicacions de l'Abadia, 1979).

19. Veg. un resum de les seves activitats en els articles de Josep Roca-Pons, *La NACS (North American Catalan Society)*, «Estudis de Llengua i Literatura Catalanes», V [=*El català a Europa i a Amèrica*] (1982), pàgs. 43-54, Albert Porqueras-Mayo, *Els estudis catalans i la North American Catalan Society (NACS)*, «Estudis de Llengua i Literatura Catalanes», XII [=*Miscel·lània Antoni M. Badia i Margarit*, 4] (1986), pàgs. 231-243, i A. Bover i Font, *North American Catalan Society: desè aniversari*, «Revista de Catalunya», 24 (novembre 1988), pàgs. 141-144; així com el volum col·lectiu *La North American Catalan Society (de 1978 a 1992)* (Montserrat, Publicacions de l'Abadia, 1992).

20. Veg. *A Andorra, V Col·loqui Internacional de Llengua i Literatura Catalanes*. Maria-Teresa Cabré i Castellví, *La llengua*, i Maria-Aurèlia Capmany, *La literatura*, «Serra d'Or» (novembre 1979), pàgs. 17-19 i 21-23, respectivament, i les *Actes del Cinquè Col·loqui Internacional de Llengua i Literatura Catalanes*, a cura de Jordi Bruguera i Josep Massot i Muntaner (Montserrat, Publicacions de l'Abadia, 1980).

21. Veg. les *Actes del Segon Col·loqui d'Estudis Catalans a Nord-Amèrica*, a cura de Manuel Duran, Albert Porqueras-Mayo i Josep Roca-Pons (Montserrat, Publicacions de l'Abadia, 1982).

i amb el patrocini de la Fundació Congrés de Cultura Catalana, apareix la revista «Estudis de Llengua i Literatura Catalanes».[22]

Novament, els col·loquis de la NACS i de l'AILLC van tornar a coincidir l'any 1982. Per l'abril, la catalanística nordamericana es reunia per primer cop al Canadà, a la Universitat de Toronto, en ocasió del seu tercer col·loqui,[23] i entre finals de setembre i començaments d'octubre, a Roma, l'AILLC celebrava el seu sisè col·loqui.[24] Aquest mateix any el volum V de la revista «Estudis de Llengua i Literatura Catalanes», monogràficament, donava un cop d'ull a El català a Europa i a Amèrica. Es posava al dia, doncs, el ja clàssic treball de Xavier Barral i Altet,[25] i ultra les esmentades informacions sobre les diferents societats (ACS, AILLC, AISC, NACS), s'exposava la situació dels estudis catalans en aquests dos continents: a Espanya,[26] als països de llengua francesa,[27] als de

22. La seva periodicitat és de dos números l'any.

23. Veg. les Actes del Tercer Col·loqui d'Estudis Catalans a Nord-Amèrica, a cura de Patricia Boehne, Josep Massot i Muntaner i Nathaniel B. Smith. (Montserrat, Publicacions de l'Abadia, 1983).

24. Veg. les Actes del Sisè Col·loqui Internacional de Llengua i Literatura Catalanes, a cura de Giuseppe Tavani i Jordi Pinell (Montserrat, Publicacions de l'Abadia, 1983).

25. Veg. la nota 8.

26. Juan A. Frago Gracia, Los estudios catalanes en los países de lengua española, pàgs. 55-80. Sobre aquest tema, vegeu també les informacions puntuals però més recents de Maria Rosa Fort i Cañellas, El català a la Universitat de Saragossa i Lourdes Sánchez Rodrigo, L'ensenyança del català a la Universitat de Granada, dins Ponències, comunicacions i conclusions. Segon simposi sobre l'ensenyament del català a no-catalanoparlants (Vic, 4, 5 i 6 de setembre de 1991) (Vic, Eumo, 1992), 241-246 i 289-292, respectivament.

27. Ramon Sugranyes de Franch, Els estudis catalans als països de llengua francesa, pàgs. 81-102. Veg., també, Mathilde Bensoussan, Projection de la langue et de la culture catalanes à l'étranger, «Les Langues Néo-latines», 234 (1980), pàgs. 122-129, i Manuel Forasté i Giravent, L'ensenyament del català a les universitats de l'Estat francès, dins Actes del 1r. Sympòsium sobre l'ensenyament del català a no-catalanoparlants, a cura d'Assumpta Fargas i Josep Tió (Vic, Eumo, 1982), pàgs. 228-229.

llengua alemanya,[28] a Itàlia,[29] als països neerlandesos,[30] a les Illes Britàniques,[31] a Escandinàvia,[32] a Romania,[33] a Hongria,[34] a la Unió Soviètica[35] i a l'Amèrica del Nord.[36]

28. Rolf Eberenz, *Estat dels estudis de llengua i literatura catalanes a la República Federal d'Alemanya, Àustria i Suïssa*, pàgs. 103-130, i Fernando Domínguez Reboiras, *El «Raimundus Lullus Institut» de la Universitat de Friburg (Alemanya)*, pàgs. 131-153. Veg., també, Tilbert D. Stegmann, *L'ensenyament del català a l'àrea lingüística alemanya*, dins *Actes del 1r. Sympòsium sobre l'ensenyament del català a no-catalanoparlants*, a cura d'Assumpta Fargas i Josep Tió (Vic, Eumo, 1982), pàgs. 481-485; Josep M. Navarro, *La cultura dels països de llengua catalana a l'Europa actual*, dins *Miscel·lània Sanchis Guarner*, I (València, Facultat de Filologia de la Universitat de València, 1984), pàgs. 241-246 [reeditat, amb modificacions, dins la segona edició: *Miscel·lània Sanchis Guarner*, II (Montserrat, Departament de Filologia Catalana de la Universitat de València/Publicacions de l'Abadia, 1992), pàgs. 433-449]; i Artur Quintana, *Crònica de la catalanística als països alemanys (1986-estiu de 1988)*, «Revista de Catalunya», 24 (novembre 1988), pàgs. 76-80; i les bibliografies: Albert von Brunn, *Bibliografía helvética de estudios catalanes*, «Ibero-Romania», IX (1979), pàgs. 164-168, i Tilbert D. Stegmann, *Llibres alemanys recents sobre temes catalans (anys 1970-1979)*, «Butlletí del llibre català», 2 (juny-setembre 1979), pàgs. [10-12].

29. Giuseppe E. Sansone, *Presència catalana a Itàlia*, pàgs. 155-159, i Giuseppe Tavani, *Els estudis catalans a Itàlia*, pàgs. 161-174. Veg., també, Giuseppe Grilli, *Els estudis de literatura catalana moderna i contemporània a Itàlia (1945-1978)*, «Els Marges», 17 (setembre 1979), pàgs. 81-88, Jordi Pinell, *Estudis catalans a Itàlia*, «Serra d'Or» (abril 1980), pàgs. 47-48, i Carlos Romero Muñoz, *La catalanística italiana (1980-1991)*, «Rassegna Iberistica», 42 (febrer 1992), pàgs. 39-50.

30. Nic Stolp, *Els estudis catalans als Països Baixos i a Flandes*, pàgs. 175-177, i també Mercè Roca i Masgrau, *Consideracions sobre el català i el seu ensenyament a Bèlgica*, dins *Ponències, Comunicacions i Conclusions. Segon simposi sobre l'ensenyament del català a no-catalanoparlants (Vic, 4, 5 i 6 de setembre de 1991)* (Vic, Eumo, 1992), pàgs. 271-276.

31. Max W. Wheeler - Alan Yates, *Els estudis catalans a les Illes Britàniques (Regne Unit i República d'Irlanda)*, pàgs. 179-194. Veg., també, A. Yates, *L'ensenyament del català a les universitats de la Gran Bretanya i Irlanda*, dins *Actes del 1r. Sympòsium sobre l'ensenyament del català a no-catalanoparlants*, a cura d'Assumpta Fargas i Josep Tió (Vic, Eumo, 1982), pàgs. 594-598.

32. Regina af Geijerstam, *El català a Escandinàvia*, pàgs. 199-212, i també Xavier Maza i Cid, *L'experiència de l'ensenyament del català per primera vegada a Dinamarca. Període agost-desembre 1990 i febrer-maig 1991*, dins *Ponències, Comunicacions i Conclusions. Segon simposi sobre l'ensenyament del català a no-catalanoparlants (Vic, 4, 5 i 6 de setembre de 1991)* (Vic, Eumo, 1992), pàgs. 251-254.

33. Ramon Cerdà, *El català a la República Socialista de Romania*, pàgs. 195-197.

34. Kálmán Faluba, *Llengua i literatura catalanes a Hongria*, pàgs. 213-221. Veg., també, del mateix autor, *Literatura catalana a Hongria*, «L'Espill», 12

Una nova societat s'afegia, el 1983, a les ja existents: la Deutsch-Katalanische Gesellschaft (DKG), que des d'aleshores organitza un col·loqui cada any.[37] Mentrestant, els «Estudis de Llengua i Literatura Catalanes» dedicaven dos dels seus volums a un *Repertori de catalanòfils*, que recull la producció i els projectes de 201 estudiosos de diferents països.[38] I la ciutat de Washington era l'escenari, entre finals de maig i començament de juny de 1984, del quart col·loqui nord-americà.[39] Per la seva part, l'AILLC organitzava un nou col·loqui entre Tarragona i Salou l'octubre de 1985[40] —a partir d'ara, ja legalitzada a Catalunya, l'AILLC celebrarà els seus col·loquis alternadament als Països Catalans i a l'estranger.

(hivern 1981), pàgs. 124-130, *Bibliografia hongaresa de llengua i literatura catalanes (1893-1981)*, «Butlletí del llibre en català», 12 (gener-març 1982), pàgs. [9-14], i *Lletra d'Hongria: El coneixement del català i les lletres catalanes*, «Revista de Catalunya», 28 (març 1989), pàgs. 99-101. I, encara, Maria Fradera i Barceló, *L'ensenyament del català a Hongria*, dins *Ponències, Comunicacions i Conclusions. Segon simposi sobre l'ensenyament del català a no-catalanoparlants (Vic, 4, 5 i 6 de setembre de 1991)* (Vic, Eumo, 1992), pàgs. 247-249.

35. Elena M. Wolf, *Estudis de llengua i literatura catalanes a l'URSS*, pàgs. 223-243.

36. Joseph Gulsoy, *Els estudis catalans a Nord-Amèrica*, pàgs. 245-267; veg., també, Nathaniel B. Smith, *La catalanística nord-americana ha «sortit de l'armari»*, «Serra d'Or» (gener 1985), pàgs. 37-40, Milton M. Azevedo, *La projecció dels estudis catalans als Estats Units*, «Butlletí del Col·legi Oficial de Doctors i Llicenciats», 62 (abril 1988), pàgs. 66-69, i A. Bover i Font, *Els estudis catalans a Nord-Amèrica i la North American Catalan Society (NACS)*, dins *La North American Catalan Society (de 1978 a 1992)* (Montserrat, Publicacions de l'Abadia, 1992), pàgs. 11-22.

37. Veg. Vicent Pitarch i Almela, *Setmanes catalanes Kalsruhe [sic] 1983 i Primer Col·loqui d'Estudis Catalans a Alemanya*, «L'Espill», 19 (tardor 1983), pàgs. 113-120.

38. «Estudis de Llengua i Literatura Catalanes», VII [= *Repertori de catalanòfils*, 1] (1983) i «Estudis de Llengua i Literatura Catalanes», VIII [*Repertori de catalanòfils*, 2] (1984). Aquest repertori s'ha actualitzat amb un tercer volum: «Estudis de Llengua i Literatura Catalanes», XVII [= *Repertori de catalanòfils*, 3] (1988). N'hi ha un altre volum en preparació.

39. Veg. les *Actes del Quart Col·loqui d'Estudis Catalans a Nord-Amèrica*, a cura de Nathaniel B. Smith, Josep M. Solà-Solé, Mercè Vidal-Tibbits i Josep Massot i Muntaner (Montserrat, Publicacions de l'Abadia, 1985).

40. Veg. Enric Balaguer Pasqual, *VII Col·loqui Internacional de Llengua i Literatura Catalanes. Salou-Tarragona, tardor de 1985*, «L'Espill», 23-24 (gener 1987), pàgs. 174-177, i les *Actes del Setè Col·loqui Internacional de Llengua i Literatura Catalanes*, a cura de Joan Veny i Joan M. Pujals (Montserrat, Publicacions de l'Abadia, 1986).

L'any 1986, organitzat per les principals institucions dels Països Catalans i sota la presidència d'Antoni M. Badia i Margarit, va celebrar-se el Segon Congrés Internacional de la Llengua Catalana, constituït en set seccions d'estudi distribuïdes en diferents seus: plantejaments i processos de normalització lingüística (Lleida), mitjans de comunicació i noves tecnologies (Perpinyà), sociologia de la llengua (Girona), llengua i dret (Andorra), lingüística social (Illes Balears), ensenyament (Tarragona) i història de la llengua (València),[41] congrés que va comptar amb una nombrosa participació procedent de la catalanística d'arreu del món.

Sota els auspicis de la NACS, el juny d'aquell mateix any es produïa un nou i important esdeveniment per a la catalanística internacional: l'aparició de la «Catalan Review».[42] Es tracta d'una revista internacional de cultura catalana, pluridisciplinària, de publicació semestral, que s'expressa en català i en anglès, i que a més dels articles inclou obres o fragments d'autors catalans amb la corresponent traducció, ressenyes bibliogràfiques i unes pàgines amb informació cultural sobre els Països Catalans. L'any següent, el març de 1987, la NACS va celebrar un nou col·loqui, el cinquè, en aquest cas

41. Vegeu-ne les publicacions: *II Congrés Internacional de la Llengua Catalana. I. Convocatòria. Inauguració. Clausura. Conclusions. Congressistes. Barcelona 1987, Segon Congrés Internacional de la Llengua Catalana. II. Àrea 1. Plantejaments i processos de normalització lingüística, Segon Congrés Internacional de la Llengua Catalana. III. Àrea 2. Sociologia de la llengua, Segon Congrés Internacional de la Llengua Catalana. IV. Àrea 3. Lingüística social, Segon Congrés Internacional de la Llengua Catalana. V. Àrea 4. Mitjans de Comunicació i noves tecnologies. Barcelona-Perpinyà 1989, Segon Congrés Internacional de la Llengua Catalana. VI. Àrea 5. Llengua i dret. Barcelona-Andorra 1987, Segon Congrés Internacional de la Llengua Catalana. VII. Àrea 6. Ensenyament, i Segon Congrés Internacional de la Llengua Catalana (1986). Volum VIII. Àrea 7. Història de la llengua. València 1989.*
42. Aquest primer volum —«Catalan Review», I, 1 (juny 1986)— duia el títol de *Homage to J. V. Foix,* ja que es tractava d'un monogràfic dedicat a l'obra d'aquest gran poeta. «Catalan Review» alterna els volums normals —miscel·lanis— amb els monogràfics: Mercè Rodoreda —II, 2 (desembre 1987)—, Ramon Llull —IV, 1-2 (juliol-desembre 1990)—, Josep Carner —VI, 1 (en preparació)—. Veg. Josep Faulí, *La revista de la NACS,* «Serra d'Or» (novembre 1991), pàg. 38.

a la Universitat de la Florida del Sud, a Tampa i a Saint Augustine.[43]

El 1988 va veure la llum una nova publicació periòdica: la «Zeitschrift für Katalanistik». Auspiciada per la DKG i altres institucions, la seva periodicitat és anual i s'expressa en català i en alemany. I l'octubre d'aquest mateix any, l'AILLC va realitzar a Tolosa de Llenguadoc el vuitè col·loqui d'estudis catalans,[44] en el transcurs del qual es van posar les bases per a la constitució de l'Association Française des Catalanistes (AFC). L'any següent l'AISC va celebrar a Nàpols un col·loqui de rellançament dedicat a *Ramon Llull, il lullismo internazionale, l'Italia* com a homenatge al pare Miquel Batllori.[45]

Els anys 90 han vist ja la celebració del sisè col·loqui de la NACS, a la Universitat de la Colúmbia Britànica, a Vancouver (Canadà),[46] del 23 al 26 de maig de 1990, el novè col·loqui de l'AILLC a Alacant i a Elx,[47] del 9 al 14 de setembre de 1991, i un nou col·loqui de l'AISC, aquest cop sobre *La cultura catalana tra l'Umanesimo e il Barocco*, celebrat a la Universitat de Venècia del 24 al 27 de març de 1992.[48] En l'actualitat aquestes tres societats estan preparant els seus propers col·loquis: la NACS a la Universitat de Califòrnia, a Berkeley, el juny

43. Veg. les *Actes del Cinquè Col·loqui d'Estudis Catalans a Nord-Amèrica*, a cura de Philip D. Rasico i Curt J. Wittlin (Montserrat, Publicacions de l'Abadia, 1989).

44. Veg. *A Tolosa de Llenguadoc, el VIII col·loqui de l'AILLC*, dins «Serra d'Or» (gener 1989): Joan Veny, *La lingüística*, pàgs. 26-27, i Giuseppe Tavani, *Les relacions catalano-occitanes*, pàg. 28, i les *Actes del Vuitè Col·loqui Internacional de Llengua i Literatura Catalanes (Tolosa de Llenguadoc, 12-17 de setembre de 1988)*, 2 vols., a cura d'A. M. Badia i Margarit i Michel Camprubí (Montserrat, Publicacions de l'Abadia, 1989).

45. Vegeu-ne les actes, a cura de Giuseppe Grilli, dins «Annali. Sezione romanza», XXXIV, 1 (Istituto Universitario Orientale-Nàpols 1992).

46. Veg. A. Bover i Font i Philip D. Rasico, *Vancouver ha acollit el VI Col·loqui de la NACS*, «Serra d'Or» (gener 1991), pàgs. 26-27, i les *Actes del Sisè Col·loqui d'Estudis Catalans a Nord-Amèrica /Vancouver, 1990/*, a cura de Karl I. Kobbervig, Arseni Pacheco i Josep Massot i Muntaner (Montserrat 1992).

47. Veg. Rafael Alemany i Ferrer, *A Alacant, El IX Col·loqui Internacional de Llengua i Literatura Catalanes*, «Serra d'Or» (gener 1992), pàgs. 21-23. Les actes són en premsa a les Publicacions de l'Abadia de Montserrat.

48. Les actes són en preparació.

de 1993; l'AILLC a Frankfurt am Main, el 1994; i l'AISC a Càller (Sardenya), el 1995.

Però l'actual interès pels estudis catalans no el trobem únicament a l'Europa occidental o a Nord-Amèrica. A part del petit enclavament asiàtic que per al català representen algunes universitats japoneses (Aichi, Waseda), la Universitat de Pequín, o la Universitat Nerhu, de Nova Delhi —després de l'acord amb la Universitat de les Illes Balears—, o bé la relativa tradició catalanista —que ara s'ha vist potenciada amb un lectorat— de la Universitat La Trobe, de Bundoora, a Melbourne, Victoria (Austràlia), des de fa uns anys els països de l'Est d'Europa s'han anat incorporant també al món de la catalanística. En són una bona mostra —a més del que ja ha estat dit fins ara—[49] l'intercanvi de lectors existent entre la Universitat de Barcelona i les de Sant Petersburg (Rússia) i Cracòvia (Polònia),[50] els lectorats en funcionament a Budapest i a Poznań (Polònia), la potenciació del de Moscou o les recents dotacions dels de Bucarest (Romania) i Kíev (Ucraïna). I el mateix procés d'incorporació dels estudis catalans s'ha iniciat a Iberoamèrica, on el català s'estudia ja a la Universitat de Santiago de Xile, l'Argentina compta amb un lectorat, a Rosario, i una càtedra, a La Plata, i Mèxic comptarà aviat amb una càtedra a la UNAM.

Tot plegat, doncs, fa que l'actualitat internacional dels estudis catalans, a desgrat dels efectes de la crisi econòmica a què he fet referència en la nota introductòria, sigui clarament encoratjadora.[51] I sens dubte hi ha ajudat molt, en aquests darrers anys, l'increment i la potenciació dels lectorats de ca-

49. Veg. les notes 32, 33 i 34.
50. Sobre el català a Polònia, veg. Josep-Antoni Ysern i Lagarda, *Sobre l'ensenyament del català a Polònia*, dins *Ponències, Comunicacions i Conclusions. Segon simposi sobre l'ensenyament del català a no-catalanoparlants (Vic, 4, 5 i 6 de setembre de 1991)* (Vic, Eumó, 1992), pàgs. 299-304.
51. Vegeu el dossier *La projecció del català i dels catalans arreu del món*, dins «Cultura», 18 (desembre 1990), 27-42, amb col·laboracions d'A. M. Badia i Margarit, Carles Duarte i Montserrat, Ferran Ferrando Melià, Josep Massot i Muntaner, Josep Nubiola, Gabriel Planella, Miquel Reniu, Xavier Tudela i Alan Yates.

talà —que, lògicament, abasta també els països de la Comunitat europea—, i que ha estat possible, bàsicament, mercès a la creació de la Comissió de promoció de l'ensenyament del català a les universitats de fora de l'àmbit territorial de Catalunya, constituïda per la Generalitat i les universitats de Catalunya.[52]

52. Veg. A. Bover i Font, *L'actual promoció del català a les universitats estrangeres*, «Serra d'Or» (novembre 1990), pàgs. 21-22. La Comissió va publicar un opuscle amb una primera llista provisional dels centres d'arreu del món on es pot aprendre català: *Lectorats, Casals i Institucions. Centres on s'ensenya català al món (Versió provisional. Novembre 1990)* (Barcelona, Generalitat de Catalunya, 1990); ara en prepara una nova edició amb la llista tancada el desembre de 1992.

ELS PAÏSOS CATALANS

II. Introducció als Països Catalans

Com a introducció al coneixement dels Països Catalans, el lector pot comptar actualment amb alguns textos que li permetran d'adquirir-ne les dades elementals i de familiaritzar-se amb els seus trets característics, per bé que sempre serà convenient que aquests textos siguin només el preàmbul d'un sojorn.

1. INTRODUCCIONS GENERALS:

Josep Trueta, *The Spirit of Catalonia* (Oxford University Press, 1946). [Versió catalana: *L'esperit de Catalunya* (Mèxic, Institució de Cultura Catalana, 1950), 216 pàgs. i (Barcelona, Selecta, 1976), 242 pàgs.].

Joan Fuster, *Qüestió de noms* (Barcelona, Aportació Catalana, 1962), 16 pàgs. [Sobre el corònim nacional català].

Catalunya, dins Sergio Salvi, *Le nazione proibite. Guida a dieci colonie «interne» dell'Europa occidentale* (Florència, Vallecchi, 1973), pàgs. 143-207; il.

Pierre Deffontaines i Marcel Durliat, *Espagne du Levant: Catalogne, Baléares, Valence* ([París], Arthaud, [1957]), 298 pàgs.; il.

Romà Comamala, *El pi de les tres branques. Què sé dels Països Catalans?* (Montserrat, Publicacions de l'Abadia, 1977), 240 pàgs.

I Paesi Catalani, a cura d'Aureli Argemí, «Minoranze», 14-15 (Milà 1979). [Número monogràfic de la revista publicada pel CIEMEN].

2. INTRODUCCIONS REGIONALS:

2.1. *El Principat de Catalunya:*

Jaume Vicens i Vives, *Notícia de Catalunya* (Barcelona, Destino, [1954]), 162 pàgs. [N'hi ha versió espanyola: *Noticia de Cataluña* (Barcelona, Destino, [1954])].

Maurici Serrahima, *Realidad de Cataluña* (Barcelona, Aymà, 1967). [N'hi ha versió catalana: *Realitat de Catalunya* (Barcelona, Aymà, 1969), 92 pàgs.].

Ferran Soldevila, *Què cal saber de Catalunya* (Barcelona, Club Editor, [1968]), 245 pàgs.

Cataluña, 2 vols. (Madrid-Barcelona, Fundación Juan March/Ed. Noguer, 1974), 366 i 379 pàgs.; il. [I: introducció geogràfica (J. Vilà Valentí); introducció històrica (J. Reglà); art (J. Gudiol). II: introducció literària (M. de Riquer i G. Díaz-Plaja); art (J. Ainaud de Lasarte, E. Jardí, A. Cirici, F. Fontbona i D. Giralt-Miracle)].

Romà Comamala, *Iniciació a Catalunya* (Montserrat, Publicacions de l'Abadia, 1975), 260 pàgs.

Lluís Casassas, Alexandre Cirici, Xavier Fàbregas, Maria Ginés, Joaquim Molas, Francesc Vallverdú i Oriol Vergés, *Què és Catalunya* ([Barcelona], Edicions 62, [1980]), 144 pàgs.; il.

Francesc Granell, *La Catalogne* (París, Presses Universitaires de France, 1988), 128 pàgs. [Col·lecció «Que sais-je?», 2426].

Catalunya 77-88. Societat, economia, política, cultura: un informe de la Fundació Jaume Bofill (Barcelona, La Magrana, 1989), 463 pàgs.; il.

Josep Maria Puigjaner, *Conèixer Catalunya* (Barcelona, Generalitat de Catalunya, 1990), 368 pàgs.; il. [N'hi ha versió anglesa: *Getting to know Catalonia* (Barcelona, Generalitat de Catalunya, 1990), espanyola: *Conocer Cataluña* (Barcelona, Generalitat de Catalunya, 1990), alemanya: *Katalonien kennenlernen* (Barcelona, Generalitat de Catalunya, 1991), i francesa: *Connaissance de Catalogne* (Barcelona, Generalitat de Catalunya, 1991)].

Benvinguts a Catalunya (Barcelona, Generalitat de Catalunya, 1992). [Carpeta concebuda com a introducció a Catalunya per als assistents als Jocs Olímpics de Barcelona. Consta de 3 llibres: Josep Maria Puigjaner, *Tot sobre Catalunya*, 129 pàgs., il.; Manuel Ibàñez Escofet, *Catalunya*, 111 pàgs., il.; i *La llengua catalana en l'actualitat,* a cura de Marc Leprêtre, 52 pàgs. N'hi ha també versió anglesa: *Welcome to Catalonia,* espanyola: *Bienvenidos a Cataluña* i francesa: *Bienvenus en Catalogne*].

Robert Hugues, *Barcelona* (Nova York, Alfred A. Knopf, 1992), 573 pàgs.; il. [N'hi ha versió espanyola: *Barcelona* (Barcelona, Anagrama, 1992)].

Joaquim Auladell, Dorothy Noyes, Perejaume, Josep Porter, David H. Rosenthal, Frederic Rovira i Josep Maria Solé i Sabaté, *Catalonia 92. A european nation* (Barcelona, Llibres de l'Índex, 1992). [N'hi ha versió espanyola: *Cataluña 92. Una nación europea* (Barcelona, Llibres de l'Índex, 1992), i francesa: *Catalogne 92. Une nation européenne* (Barcelona, Llibres de l'Índex, 1992)].

2.2. *El País Valencià:*

Joan Fuster, *Nosaltres els valencians* (Barcelona, Edicions 62, 1962), 238 pàgs.

El dossier, *Un país: el País Valencià*, dins «Serra d'Or» (juny 1968), pàgs. 17-85.

Gran Enciclopedia de la Región Valenciana, 12 vols.; il. (València, Gran Enciclopedia de la Región Valenciana, 1973).

Joan Fuster, *País Valencià, ¿per què?* (València, Eliseu Climent, 1982), 64 pàgs. [Sobre el corònim valencià].

2.3. Les Illes Balears:

Baleares (Madrid-Barcelona, Fundación Juan March/Ed. Noguer, [1974]), 370 pàgs.; il. [Introd. geogràfica (V. M. Rosselló Verger); introd. històrica (Á. Santamaría); introd. literària (F. de B. Moll); art (S. Sebastián)].

Cent anys d'història de les Balears (S. l., Salvat/«Sa Nostra», 1982), 287 pàgs.; il. [Amb col·laboracions de J. Alegret Llorens, M. Alenyar Fuster, A. Artigas Bonet, B. Barceló Pons, M. Bota Totxo, P. Carlos Arnáiz, B. Coll Tomàs, J. Company Florit, J. Galmés Tous, J. A. Grimalt Gomila, J. Mas Vives, J. Mayol Serra, B. Mestre Sureda, L. Muntaner Mariano, J. Palau Lloveras, M. Pons Bonet, D. Pons Pons, P. Rosselló Bover, P. Salvà Tomàs i M. Seguí Aznar].

Jaume Bover Pujol, *Balearica. Bibliografia de bibliografies de Balears* (Palma de Mallorca, Miquel Font, 1989), XVI+251 pàgs.; il. [De 1700 a 1985].

2.3.1. Mallorca:

Josep Melià, *La nació dels mallorquins* (Palma de Mallorca, Moll, 1990), 303 pàgs. [Les primeres edicions d'aquest llibre (Palma de Mallorca, Daedalus, 1967) duien el títol de *Els mallorquins*. N'hi ha versió espanyola: *Los mallorquines* (Madrid, Cuadernos para el Diálogo, 1968)].

Gran Enciclopèdia de Mallorca, en curs de publicació (Palma de Mallorca, Promomallorca, s. a.). [Vuit volums publicats: A-M].

2.3.2. Menorca:

Els dossiers *Menorca, ahir i avui*, «Serra d'Or» (novembre 1964), pàgs. 8-74, i *Menorca, actualitat*, a cura de Jaume Mascaró i Josefina Salord, dins «Serra d'Or» (juny 1991), pàgs. 13-44.

Enciclopèdia de Menorca, 14 vols. il.; en curs de publicació (Maó, Obra Cultural): I. *Geografia física* (1981), II. *El món ve-*

getal (1988), III. *Invertebrats no artròpodes* (en preparació), IV. *Invertebrats artròpodes* (en preparació), V. *Vertebrats* (en preparació), VI. *Ecologia* (en preparació), VII. *Història* (en preparació), VIII. *Arqueologia* (en preparació), IX. *Art* (en preparació), X. *Arquitectura* (en preparació), XI. *Població menorquina* (en preparació), XII. *Economia* (1991), XIII. *Llengua i literatura* (en preparació) i XIV. *Etnologia* (en preparació).

2.3.3. Eivissa i Formentera:

Marià Villangómez, *Llibre d'Eivissa* (Barcelona, Selecta, 1957), 230 pàgs.; il.

El dossier *Eivissa en un món nou,* dins «Serra d'Or» (desembre 1967), pàgs. 44-71.

2.4. La Catalunya del Nord:

Pere Verdaguer, *El Rosselló avui* (Barcelona, Barcino, 1969), 143 pàgs.

El dossier *El Rosselló, ara,* dins «Serra d'Or» (juliol 1970), pàgs. 23-63.

Pere Verdaguer, *Defensa del Rosselló català* (Barcelona, Curial, 1974), 256 pàgs.

Llorenç Planes i Montserrat Biosca, *El petit llibre de Catalunya-Nord* (Perpinyà, Edicions de l'Eriçó, 1978), 231 pàgs. [Edició força ampliada de l'opuscle de Llorenç Planes, *El petit llibre de Catalunya-Nord. Lluita per un «Rosselló» català* (Perpinyà, Edicions La Falç, 1974)].

Ramon Felipó i Oriol, *El català del Nord. Premsa i ràdio catalanes al Rosselló, Capcir, Vallespir, Conflent i Cerdanya Septentrional* (Barcelona, El Llamp, 1985), 125 pàgs.; il.

Qui sem els catalans del Nord? Qui són els catalans del Nord? (Perpinyà, Arrels, 1992), 223 pàgs.; il. [Amb treballs de P. I. Baron, A. Baylac-Ferrer, J. Becat, R. Gual, L. Manaut, P. Manzanares, A. Marcet i Juncosa, M. Mayol, L. Planes, D. Serra, M. D. Solà, J. L. Valls, M. Valls, P. Verdaguer i G. Vial].

2.5. *La Franja de Ponent:*

Joaquim Monclús i Esteban, *La Franja de Ponent avui* (Barcelona, El Llamp, 1983), 126 pàgs.; il.
Artur Quintana, *El català a l'Aragó* (Barcelona, Curial, 1989), 245 pàgs.

2.6. *El Principat d'Andorra:*

Montserrat Palau Martí, *Andorra* (Barcelona, Selecta, 1967), 223 pàgs.; il.
Andorra (s.l., s.ed., s.a.), 72 pàgs. [Imp. Grafinter, Principat d'Andorra].
Lídia Armengol, Mònica Batlle i Ramon Gual, *Materials per a una Bibliografia d'Andorra* (Perpinyà, Institut d'Estudis Andorrans, 1978), 106 pàgs.

3. TERRES ENLLÀ:

La colonització, l'emigració o l'exili, depèn de les èpoques, han dut aspectes de la cultura catalana cap a d'altres terres, on han tingut més o menys fortuna, segons els casos. Pel que fa a l'actualitat, hom trobarà útils informacions —renovades periòdicament— sobre persones i institucions en el següent anuari:

Xavier Tudela, *Presència catalana en el món. 1992 Anuari* (Barcelona, Centre Unesco de Catalunya/Fundació Jaume Bofill, 1992), 365 pàgs.; il.

També poden ser d'utilitat els reculls:
Ramon Felipó i Oriol, *El català al món. Premsa i ràdio en català a Europa, Amèrica i Oceania* (Barcelona, El Llamp, 1984), 159 pàgs.; il.
Xavier Tudela, *Catalans de fora* (Barcelona, El Llamp, 1985), 255 pàgs.; il.

Xavier Tudela, *Catalans de fora/2* (Barcelona, El Llamp, 1987), 224 pàgs.; il.

3.1. *Grècia:*

Kenneth M. Setton, *Catalan domination of Athens: 1311-1388* (Cambridge, The Mediaeval Academy of America, 1948). [2a. ed., revisada: (Londres, Variorum, 1975), XIX+323 pàgs.; il. N'hi ha versió espanyola: *Los catalanes en Grecia* ([Barcelon], Aymà, [1975]), 255 pàgs.; il.].

3.2. *Sicília:*

Els catalans a Sicília, a cura de Francesco Giunta, Martí de Riquer i Josep Maria Sans i Travé (Barcelona, Generalitat de Catalunya/Enciclopèdia Catalana, 1992), 216 pàgs.; il. [Amb treballs de J. Ainaud de Lasarte, J. Bassegoda i Nonell, M. Bellomo, H. Bresc, J. F. Cabestany i Fort, R. Conde y Delgado de Molina, M. M. Costa, F. D'Angelo, M. Del Giudice, M. C. Di Natale Giuggino, S. Fodale, M. T. Ferrer i Mayol, F. Giunta, J. Mateu i Ibars, F. Maurici, P. Palumbo, E. Pispisa, M. de Riquer, B. Saita, R. Savarese, F. Udina i Martorell i A. Varvaro].

3.3. *Sardenya:*

Els catalans a Sardenya, a cura de Jordi Carbonell i Francesco Manconi (Barcelona, Enciclopèdia Catalana/ Generalitat de Catalunya/Consell Regional de Sardenya, 1984), 240 pàgs.; il. [Amb treballs de J. Ainaud, B. Anatra, M. Batllori, E. Blasco, A. Boscolo, A. Bover, M. Brigaglia, J. F. Cabestany, J. Carbonell, R. Caria, M. M. Costa, L. D'Arienzo, M. Da Passano, J. Day, M. T. Ferrer, F. Manconi, A. Mattone, G. Mele, G. Olla Repetto, G. Ortu, G. Paulis, E. Piras, R. Serra, S. Serra, G. Sorgia i M. Tangheroni. N'hi ha versió italiana: *I catalani in Sar-*

degna (Cinisello Balsamo, Amilcare Pizzi/Consiglio Regionale della Sardegna/Generalitat de Catalunya, 1984)].

3.3.1. L'Alguer:

Eduard Toda i Güell, *Recorts catalans de Sardenya* (Barcelona, Ilustració Catalana, [1887]), 157 pàgs.

Eduard Toda i Güell, *Un poble català d'Itàlia. L'Alguer* (Barcelona, Renaixensa, [1888]), 200 pàgs. [N'hi ha una edició, amb traducció, introducció i notes a cura de Rafael Caria: *L'Alguer. Un popolo catalano d'Italia* (Sàsser, Gallizzi, 1981), 407 pàgs.; il].

Eduard Toda i Güell, *La poesia catalana a Sardenya* (Barcelona, Ilustració Catalana, s. a.), 132 pàgs.

Pere Català i Roca, *Invitació a l'Alguer actual* (Palma de Mallorca, Moll, 1957), 153 pàgs.

Antoni Ballero de Candia, *Alghero. Cara de Roses* (Càller, Editrice Sarda Fratelli Fossataro, 1961), 521 pàgs.; il.

Retrobament de l'Alguer [=«Tramontane», 441-444] (Perpinyà, gener-abril 1961).

Pasqual Scanu, *Alghero e la Catalogna. Saggio di storia e letteratura popolare algherese* (Càller, Editrice Sarda Fratelli Fossataro, 1962), 261 pàgs.

Rafael Caria, *L'Alguer, llengua i societat. La minoria catalana entre passat i futur/Alghero, lingua e società. La minoranza catalana tra passato e futuro* (L'Alguer, Centre de Recerca i Documentació Eduard Toda/Edes, 1988), 47 pàgs.+39 pàgs. [Edició bilingüe].

3.4. *Itàlia:*

Miquel Batllori, *La cultura hispano-italiana de los jesuitas expulsos* (Madrid, Gredos, 1966), 698 pàgs.

3.5. Amèrica:

Ferran Boneu i Companys, *Don Gaspar de Portolà, descubridor y primer gobernador de California* (Lleida, IEI, 1970), 250 pàgs.; il. [N'hi ha versió anglesa: *Gaspar de Portolà, explorer and founder of California* (Lleida, IEI, 1983)].

Albert Manent, *La literatura catalana a l'exili* (Barcelona, Curial, 1976), 312 pàgs.

Philip D. Rasico, *Els menorquins de la Florida: història, llengua i cultura* (Montserrat, Publicacions de l'Abadia, 1987), 371 pàgs.; il. [N'hi ha versió anglesa: *The Minorcans of Florida: their History, Language and Culture* (New Smyrna Beach/Florida/, Luthers, 1990)].

200 catalans a les Amèriques (1493-1987) (Barcelona, Comissió Catalana del Cinquè Centenari del Descobriment d'Amèrica, 1988), 699 pàgs. [Mostra-antologia del *Diccionari dels catalans d'Amèrica*, vegeu més endavant en aquest mateix apartat].

Josep Maria Balcells, *Revistes dels catalans a les Amèriques (Repertori de 230 publicacions des de 1831)* (Barcelona, Comissió Catalana del Cinquè Centenari del Descobriment d'Amèrica, 1988), 142 pàgs.

Jaume Sobrequés i Callicó, *Els catalans en els orígens històrics de Califòrnia* (Barcelona, Columna, 1991).

Les Amèriques i Catalunya. Cinc segles de presència catalana (Barcelona, Generalitat de Catalunya, 1992), 366 pàgs.; il. [Amb treballs d'A. Artís-Gener, J. Bada i Elies, J. L. Carod-Rovira, J. Crexell, C. Esteva i Fabregat, P. Grases, P. Hernández, J. Marco, C. Martínez Shaw, P. Molas i Ribalta, S. Sánchez Suárez i M. A. Vila. N'hi ha versió espanyola: *Las Américas y Cataluña. Cinco siglos de presencia catalana* (Barcelona, Generalitat de Catalunya, 1992)].

Albert Manent [dir.], *Diccionari dels catalans d'Amèrica*, 4 vols. (Barcelona, Curial): 1 A-Ci (1992), 2 Cl-Li (1992), 3 Ll-Ro (1992) i 4 (en premsa: 1993).

Hom pot consultar, també, les actes de les Jornades d'Estudis Catalano-Americans publicades per la Comissió Amèrica i Catalunya 1992 —les cinquenes i darreres se celebraran el 1993:

1es. Jornades d'Estudis Catalano-Americans. Juny 1984 (Barcelona, 1985), *2nes. Jornades d'Estudis Catalano-Americans. Maig 1986* (Barcelona, 1987), *3es. Jornades d'Estudis Catalano-Americans. Abril 1988* (Barcelona, 1990), *IV Jornades d'Estudis Catalano-Americans. Octubre 1990* (Barcelona, 1992).

III. Els diversos àmbits de la cultura catalana

En l'actual panorama de la catalanística internacional, els estudis literaris potser són els que compten amb un major nombre d'investigadors, seguits dels estudis lingüístics —per això literatura i lingüística són tractades en capítols a part— i, a força distància, els que s'ocupen d'altres àmbits culturals. Aquests altres camps interessen d'una manera particular aquells que s'hi volen especialitzar, però sovint són també auxiliars indispensables per als estudiosos de la llengua i la literatura. Heus aquí, doncs, la relació d'algunes obres d'iniciació o de síntesi referides a aquests altres àmbits culturals.

1. REFERÈNCIES GENERALS:

Josep Rodergas Calmell, *Els pseudònims usats a Catalunya* (Barcelona, Millà, 1951), 412 pàgs.

Ictíneu. Diccionari de les ciències de la societat als Països Catalans (segles XVIII-XX) (Barcelona, Edicions 62, 1979), 552 pàgs.

Josep Maria Albaigès, *Diccionari de noms de persona i llur significat* (Barcelona, Edicions 62, 1980), 364 pàgs.

Gran Enciclopèdia Catalana, 24 vols. (Barcelona, Enciclopèdia Catalana) [2a. ed., actualitzada]: 1-6 (1986), 7-14 (1987), 15-20 (1988) i 21-24 (1989).

Claudi Alsina, Gaspar Feliu i Lluís Marquet, *Pesos, mides i mesures dels Països Catalans* (Barcelona, Curial, 1990), 431 pàgs.

Josep M. Mestres i Serra i Josefina Guillén i Sànchez, *Diccionari d'abreviacions* (Barcelona, Enciclopèdia Catalana, 1992), 422 pàgs.

2. REFERÈNCIES ESPECÍFIQUES:

2.1. *Agricultura:*

Joaquim de Camps i Arboix, *Història de l'agricultura catalana* (Barcelona, Taber, 1969), 415 pàgs.; il.

2.2. *Arqueologia:*

Miquel Tarradell, *Les arrels de Catalunya* (Barcelona, Vicens-Vives, 1962), 292 pàgs. [Col. «Història de Catalunya-Biografies Catalanes», 0].

2.3. *Art:*

Marcel Durliat, *Art Catalan* (París-Grenoble, Arthaud, [1963]), 418 pàgs.; il. [N'hi ha versió espanyola: *El arte catalán* (Barcelona, Juventud, [(1967)], 418 pàgs.; il.

Alexandre Cirici Pellicer, *Barcelona pam a pam* (Barcelona, Teide, 1971), 383 pàgs.; il. [N'hi ha traducció anglesa: *Barcelona step by step* (Barcelona, Teide, 1974), i espanyola: *Barcelona paso a paso* (Barcelona, Teide, 1981); 2a. ed.].

Josep Maria Ràfols [dir.], *Diccionario de artistas de Cataluña, Valencia y Baleares*, 5 vols. (Barcelona, Edicions Catalanes, 1980).

Francesc Miralles [dir.], *Història de l'art català*, 8 vols. (Barcelona, Ed. 62): I) Núria de Dalmases i Antoni José i Pitarch,

Els inicis i l'art romànic. Segles XI-XII (1986), II) Núria de Dalmases i Antoni José i Pitarch, *L'època del Císter. Segle XIII* (1985), III) Núria de Dalmases i Antoni José i Pitarch, *L'art gòtic. Segles XIV-XV* (1984), IV) Joaquim Garriga, *L'època del Renaixement. Segle XVI* (1986), V) Joan-Ramon Triadó, *L'època del Barroc. Segles XVII-XVIII* (1984), VI) Francesc Fontbona, *Del Neoclassicisme a la Restauració. 1808-1888* (1983), VII) Francesc Fontbona i Francesc Miralles, *Del Modernisme al Noucentisme. 1888-1917* (1985) i VIII) Francesc Miralles, *L'època de les avantguardes. 1917-1970* (1983).

Alexandre Cirici Pellicer, *El arte catalán* (Madrid, Alianza, 1988), 408 pàgs.

2.3.1. Arquitectura:

Manuel Sanchis Guarner, *Les barraques valencianes* (Barcelona, Barcino, 1957), 95 pàgs.; il.

Joaquim de Camps i Arboix, *La masia catalana. Història. Arquitectura. Sociologia* (Barcelona, Aedos, [1959]), 256 pàgs.; il.

Alexandre Cirici Pellicer, *L'arquitectura catalana* (Barcelona, Teide, 1975), 288 pàgs.; il. [2a. ed.; 1a.: 1955].

Antoni Pladevall i Font i Montserrat Pagès i Paretas, *Això és Catalunya: guia del patrimoni arquitectònic* (Barcelona, Plaza & Janés/Generalitat de Catalunya, 1988), 548 pàgs.; il. [N'hi ha versió anglesa: *This is Catalonia. Guide to its architectural heritage* (Barcelona, Plaza & Janés/Generalitat de Catalunya, 1988), espanyola: *Así es Cataluña. Guía del patrimonio arquitectónico* (Barcelona, Plaza & Janés/ Generalitat de Catalunya, 1988), i francesa: *Voici la Catalogne. Guide du patrimoine architectural* (Barcelona, Plaza & Janés/Generalitat de Catalunya, 1988)].

2.3.2. Escultura:

Alexandre Cirici Pellicer, *L'escultura catalana* (Palma de Mallorca, Moll, 1957), 181 pàgs.

45

2.3.3. Pintura:

Alexandre Cirici Pellicer, *La pintura catalana*, I i II (Palma de Mallorca, Moll, 1959), 163 i 173 pàgs.

2.3.4. Cinema:

Miquel Porter i Moix, *Història del cinema català (1895-1968)* (Barcelona, Taber, 1969), 305 pàgs.; il.
Miquel Porter i Moix, *Història del cinema a Catalunya (1895-1990)* (Barcelona, Generalitat de Catalunya, 1992), 414 pàgs; il.

2.3.5. Música:

Higini Anglès, *La música a Catalunya fins al segle XIII* (Barcelona, IEC/Biblioteca de Catalunya, 1935), xx+447 pàgs.; il. [2a. ed.: (Barcelona, Biblioteca de Catalunya/UAB, 1988)].
Manuel Valls, *La música catalana contemporània* (Barcelona, Selecta, 1959), 248 pàgs.
Manuel Valls, *Història de la música catalana* (Barcelona, Taber, 1969), 284 pàgs.; il.
Oriol Martorell i Manuel Valls, *Síntesi històrica de la música catalana* (Barcelona, La Llar del Llibre/Els Llibres de la Frontera, 1985), 138 pàgs.
Montserrat Albet, *Mil anys de música catalana* (Barcelona, Plaza & Janés, 1991), 167 pàgs.

2.3.6. Dansa:

Aureli Capmany, *La dansa a Catalunya*, 2 vols. (Barcelona, Barcino, 1931-1953), 160 i 148 pàgs.; il.
Francesc Pujol i Joan Amades, *Diccionari de la Dansa, dels Entremesos i dels Instruments de música i sonadors, I: Dansa* (Barcelona, Fundació Concepció Rabell, 1936).

2.3.7. Òpera:

Roger Alier, *L'òpera* (Barcelona, Dopesa, 1979), 110 pàgs.
Roger Alier, *L'òpera a Barcelona. Orígens, desenvolupament i consolidació de l'òpera com a espectacle teatral a la Barcelona del segle XVIII* (Barcelona, IEC, 1990), 640 pàgs.

2.4. *Catalanisme polític:*

Libro Blanco de Cataluña (Buenos Aires, Ediciones de la Revista Catalunya, 1956), 174 pàgs.; il. [Amb treballs de J. M. Batista i Roca, P. Bosch Gimpera, J. Carner, P. Casals, J. Coromines, J. M. Corredor, J. Cuatrecasas, A. Dot, R. Gerhard, D. Guansé, V. Guarner, P. Mas Perera, L. Nicolau d'Olwer, A. Pi Sunyer, C. Pi Sunyer, J. Rocamora, J. Rovira Armengol, J. Santaló, S. Sentís Melendo, M. Serra i Moret, J. Trueta, J. Vachier i M. A. Vila].

Alfons Cucó, *El valencianisme polític (1874-1936)* (València, Garbí, 1970), 472 pàgs.

Fèlix Cucurull, *Panoràmica del nacionalisme català*, 6 vols. (París, Edicions Catalanes, 1975):
1) Dels orígens al 1813; 360 pàgs. 2) Del 1814 al 1874; 399 pàgs. 3) Del 1875 al 1914; 381 pàgs. 4) Del 1914 al 1931; 471 pàgs. 5) Del 1931 al 1933; 503 pàgs. i 6: Del 1933 al 1936; 575 pàgs.

Gregori Mir, *El mallorquinisme polític (1840-1936). Del regionalisme al nacionalisme*, 2 vols. (Palma de Mallorca, Moll, 1990), 760 pàgs. [2a. ed., ampliada. La 1a. ed. va publicar-se amb el pseudònim «Anselm Llull» i també en 2 vols. (París, Edicions Catalanes, 1975), 407 i 349 pàgs.].

El cas de Catalunya. Apel·lació a les Nacions Unides en la Conferència sobre organització internacional (San Francisco, Califòrnia, abril 1945) (Barcelona, Òmnium Cultural/CEDEN, s.a.), 30 pàgs. [Conté el facsímil del text *The case of Catalonia*, publicat per la Delegació als Estats Units del Consell Nacional Català].

[Jordi Bosser, August Bover, Antoni Estrader, Xavier Lamuela, Antoni Olivé i Santiago Riera], *L'autodeterminació, avui i demà* (Barcelona, Fòrum Universitari pel Dret a l'Autodeterminació, 1990), 27 pàgs.

Albert Balcells, *Història del nacionalisme català dels orígens al nostre temps* (Barcelona, Generalitat de Catalunya, 1992), 265 pàgs.

2.5. *Ciència:*

Santiago Riera i Tuèbols, *Síntesi d'història de la ciència catalana* (Barcelona, La Magrana, 1983), 345 pàgs.

2.5.1. Ciències Naturals:

Joaquim Maluquer i Sostres, *Els ocells de les terres catalanes* (Barcelona, Barcino, 1973), 323 pàgs.; il. [2a. ed., ampliada].

Ramon Folch i Guillèn [dir.], *Natura, ús o abús? Llibre blanc de la gestió de la natura als Països Catalans* (Barcelona, Institució Catalana d'Història Natural/Barcino, 1976), 575 pàgs.; il.

Francesc Masclans, *Els noms de les plantes als Països Catalans* (Granollers-Barcelona, Ed. Montblanc-Martín/CEC, 1981), 292 pàgs.

Oriol de Bolòs i Josep Vigo, *Flora dels Països Catalans*, I (Barcelona, Barcino/Fundació Jaume I, 1984), 736 pàgs.; il. [Introducció. Licopodiàcies-Capparàcies].

Ramon Folch i Guillèn [dir.], *Història Natural dels Països Catalans*, 15 vols. (Barcelona, Fundació Enciclopèdia Catalana): 1. *Geologia I* (1986), 2. *Geologia II* (1992), 3. *Recursos geològics i sòl* (1985), 4. *Plantes inferiors* (1985), 5. *Fongs i líquens* (1991), 6. *Plantes superiors* (1988), 7. *Vegetació* (1984), 8. *Invertebrats i artròpodes* (1991), 9. *Artròpodes I* (1986), 10. *Artròpodes II* (1987), 11. *Peixos* (1990), 12. *Ocells* (1986), 13. *Amfibis, rèptils i mamífers* (1987), 14. *Sistemes naturals* (1989) i 15. *Registre fòssil* (1988).

2.5.2. Climatologia:

Vicenç Sureda i Obrador, *La climatologia* (Barcelona, La Llar del Llibre/Els Llibres de la Frontera, 1986), 158 pàgs.; il.

2.5.3. Medicina:

Felip Cid, *Història de la medicina catalana*, I (Barcelona, Taber, [1969]).

Oriol Casassas, *La medicina catalana del segle XX* (Barcelona, Ed. 62, 1970), 239 pàgs.

Antoni Cardoner i Planas, *Història de la medicina a la Corona d'Aragó (1164-1479)* (Barcelona, Scientia, 1973), 300 pàgs.

2.6. *Dret:*

Compilació del Dret Civil de Catalunya (Barcelona, Generalitat de Catalunya, 1984), 142 pàgs.

Josep M. Mas i Solench, *El Dret Civil dels catalans* (Barcelona, Generalitat de Catalunya, 1985), 118 pàgs.; il. [N'hi ha versió alemanya: *Das Zivilrecht der katalanen* (Barcelona, Generalitat de Catalunya, 1990), anglesa: *The Civil law of the catalans* (Barcelona, Generalitat de Catalunya, 1990), francesa: *Le Droit civil des catalans* (Barcelona, Generalitat de Catalunya, 1990), i italiana: *Il diritto civile catalano* (Barcelona, Generalitat de Catalunya, 1985)].

Víctor Ferro, *El dret públic català. Les institucions a Catalunya fins al Decret de Nova Planta* (Vic, Eumo, 1987), 606 pàgs.

Josep M. Mas i Solench, *Mil anys de Dret a Catalunya* (Barcelona, Generalitat de Catalunya, 1989), 143 pàgs.; il.

2.7. *Economia:*

Francesc Cabana, *La Banca a Catalunya* (Barcelona, Edicions 62, 1965), 272 pàgs.

Jacint Ros Hombravella i Antoni Montserrat, *L'aptitud financera de Catalunya* (Barcelona, Edicions 62, 1967), 184 pàgs.

Ramon Trias Fargas, *Introducció a l'economia de Catalunya: una anàlisi regional* (Barcelona, Edicions 62, 1972), 144 pàgs. [N'hi ha versió espanyola: *Introducción a la economía de Cataluña: un análisis regional* (Madrid, Alianza, [1974]), 151 pàgs. Col. «El libro de bolsillo», 491].

Joaquim Muns, *Bilan et perspectives de l'économie catalane* (París, Éditions Hispaniques, 1987).

Jordi Nadal i altres [dirs.], *Història econòmica de la Catalunya contemporània*, 6 vols. (Barcelona, Enciclopèdia Catalana): 1 (en premsa), 2 (1990), 3 (1991), 4 (1988), 5 i 6 (1989).

2.8. *Esport:*

Joan Garcia Castell, *Història del futbol català* (Barcelona, Aymà, 1968), 488 pàgs.; il.

L'excursionisme a Catalunya (1876-1976) Cent anys del Centre Excursionista de Catalunya (Barcelona, Barcino, 1975), 111 pàgs.; il. [Nadala de la Fundació Carulla-Font; amb treballs de J. M. Ainaud, J. Iglésies, A. Jané, A. Morta i J. M. Sala i Albareda].

Passió i mite de l'esport: un viatge artístic i literari per la Catalunya contemporània, selecció de Joaquim Molas (Barcelona, Diputació de Barcelona, 1986), 266 pàgs.; il. [Text en català, espanyol, anglès i francès].

Jaume Ramon i Però, *Història del Barça: una trajectòria triomfant (1899-1986)* (Barcelona, Mundilibros, [1986]), 127 pàgs.; il.

Jaume Sobrequés i Callicó, *Futbol Club Barcelona, un club al servei de Catalunya* (Barcelona, Labor, 1991), 96 pàgs.; il.

Memòria Oficial dels Jocs de la XXVa Olimpíada de Barcelona 1992, 4 vols. (Barcelona, Enciclopèdia Catalana, 1992): 1. *La celebració*; 2. *L'esforç*; 3. *Els mitjans*; i 4. *El repte.*

2.9. Etnografia i folklore:

Joan Amades, *Costumari català: el curs de l'any*, 5 vols. (Barcelona, Salvat, 1950-1956): 1) Hivern, xv+957 pàgs.+[2] f. de làm. pleg.; il. 2) Les Carnestoltes. La Quaresma. Setmana Santa. El cicle pasqual, 1012 pàgs.+[10] f. de làm. pleg.; il. 3) Corpus. Primavera, XI+918 pàgs.+[7] f. de làm. pleg.; il. 4) Estiu, VIII+1091 pàgs.; il. i 5) Tardor, x+1054 pàgs.+[7] f. de làm. pleg.; il. [Edició facsímil: (Barcelona, Salvat /Edicions 62, 1982-1983).

Xavier Fàbregas, *Tradicions, mites i creences del catalans* (Barcelona, Edicions 62, 1979), 282 pàgs.; il.

Pere Català i Roca [dir.], *Món casteller*, 2 vols. (Barcelona, Dalmau, 1981), 610 i 1043 pàgs.; il.

Xavier Fàbregas, *Les arrels llegendàries de Catalunya* (Barcelona, La Magrana, 1987), 366 pàgs.

Presentació Font, M. Dolors Llopart, Amadeu Pons, Joan Prat i Josefina Roma, *Calendari de festes de Catalunya, Andorra i la Franja* (Barcelona, Alta Fulla/Fundació Serveis de Cultura Popular, 1989), 636 pàgs.

Gabriel Janer Manila [dir.], *Calendari de festes de les illes Balears i Pitiüses* (Barcelona, Alta Fulla/Fundació Serveis de Cultura Popular, 1992), 240 pàgs.

2.10. Filosofia:

Tomàs Carreras Artau, *Introducció a la història del pensament filosòfic a Catalunya i cinc assaigs sobre l'actitud filosòfica* (Barcelona, Catalònia, 1931), 267 pàgs.

Jordi Berrio i Serrano, *El pensament filosòfic català* (Barcelona, Bruguera, 1966), 112 pàgs.

2.11. Gastronomia:

Eliana Thibaut-Comelade, *Cuina rossellonesa i de la Costa Brava* (Barcelona, Barcino, 1968), 139 pàgs.

Lluís Ripoll, *Cocina de las Baleares* (Palma de Mallorca, Ripoll, 1974), 385 pàgs.; il. [2a. ed., augmentada].

E. Arpajou, *Els vins del Rosselló* (Barcelona, Barcino, 1980), 126 pàgs.; il.

Jaume Ciurana, *Els vins de Catalunya* (Barcelona, Generalitat de Catalunya, 1980), 192 pàgs.; il.

Lluís Bettonica, *Els caves de Catalunya* (Barcelona, Kapel, [1983]), 139 pàgs.; il.

Eliana Thibaut-Comelade, *La cuina medieval a l'abast* (Barcelona, La Magrana, 1986), 345 pàgs.; il.

Colman Andrews, *Catalan cuisine: Europe's great culinary secret* (Nova York, Atheneum, 1988), 331 pàgs.; il. [També n'hi ha edició britànica: (Londres, Headline, 1989)].

2.12. Geografia:

Bonaventura Adellach Baro i Ramon Ganyet Solé, *Geografia i diccionari geogràfic de les Valls d'Andorra* (Andorra, M. I. Consell General de les Valls/Casal i Vall, 1977), 288 pàgs.

Joan Vilà i Valentí [dir.], *Atlas Universal Català* (Barcelona, Enciclopèdia Catalana, 1983), 462 pàgs. + 1 transparència.

Pierre Deffontaines, *La Méditerranée catalane* (París, Presses Universitaires de France, 1969), 126 pàgs. [Col. «Que saisje?», 1609. N'hi ha versió catalana: *Geografia dels Països Catalans* (Esplugues de Llobregat, Ariel/Societat Catalana de Geografia, 1978), 147 pàgs.; il.].

Carles Carreras i Verdaguer [dir.], *Geografia General dels Països Catalans*, 7 vols. (Barcelona, Enciclopèdia Catalana): I. *Els Països Catalans: concepte i evolució* (1992), II. *El clima i el relleu* (en preparació), III. *Els rius i la vegetació* (en preparació), IV. *La població* (en preparació), V. *Les ciutats* (en preparació), VI. *El turisme, el comerç i les finances* (en preparació) i VII. *La indústria i l'agricultura* (en preparació).

Jesús M. Giralt i Radigales [dir.], *Gran Geografia Comarcal de Catalunya*, 15 vols. (Barcelona, Enciclopèdia Catalana) [Segona edició; nova divisió territorial]: I. *Introducció, Barcelonès i Baix Llobregat* (1991), II. *Vallès Occidental, Vallès Orien-*

tal i Maresme (1991), III. *Gironès, Pla de l'Estany, Selva i Garrotxa* (1991), IV. *Alt Empordà i Baix Empordà* (1992), V. *Tarragonès, Baix Camp, Alt Camp, Conca de Barberà i Priorat* (1992), VI. *Alt Penedès, Baix Penedès, Garraf i Anoia* (en preparació), VII. *Baix Ebre, Montsià, Terra Alta, Matarranya i Ribera d'Ebre* (en preparació), VIII. *Osona i Ripollès* (en preparació), IX. *Bages, Berguedà i Solsonès* (en preparació), X. *Noguera, Urgell i Segarra* (en preparació), XI. *Segrià, Pla d'Urgell, Garrigues i Baix Cinca* (en preparació), XII. *Pallars Sobirà, Pallars Jussà, Alta Ribagorça, Baixa Ribagorça i Llitera* (en preparació), XIII. *Rosselló i Fenolleda* (en preparació), XIV. *Vallespir, Conflent, Capcir, Baixa Cerdanya i Alta Cerdanya* (en preparació) i XV. *Vall d'Aran, Alt Urgell, Andorra i Índex General* (en preparació).

2.13. *Heràldica i sigil·lografia:*

Ferran de Sagarra i de Siscar, *Sigil·lografia catalana. Inventari, descripció i estudi dels segells de Catalunya,* 5 vols. (Barcelona, Henrich/Institució Patxot): I (1916), II-Text (1922), II-Làmines (1922), III-Text (1932) i III-Làmines (1932).

Martí de Riquer, *Heràldica catalana des de l'any 1150 al 1550,* 2 vols. (Barcelona, Quaderns Crema, 1983), 808 pàgs.; il.

2.14. *Història:*

Fins a 1975, hi ha una bona *Introducció a la història dels Països Catalans,* a cura de Josep Massot i Muntaner, dividida en cinc apartats (Bibliografies, Revistes i congressos, Enciclopèdies i diccionaris, Obres generals de síntesi i Monografies):

Josep Massot i Muntaner, *Introducció a la història dels Països Catalans,* dins Antoni M. Badia i Margarit, *Vint-i-cinc anys d'estudis sobre la llengua i la literatura catalanes (1950-1975).* *I. La llengua* (Montserrat, Publicacions de l'Abadia, 1976), pàgs. 7-30.

Convé afegir-hi algunes obres com les següents, aparegudes o completades posteriorment.

2.14.1. Sobre els Països Catalans:

Història dels Països Catalans, en 3 vols., coordinada per Albert Balcells (Barcelona, Edhasa): 1. Josep M. Salrach, *Història dels Països Catalans. Dels orígens a 1714* (1981), 2. Josep M. Salrach i Eulàlia Duran, *Història dels Països Catalans. Dels orígens a 1714* (1981) i 3. Manuel Ardit, Albert Balcells i Núria Sales, *Història dels Països Catalans. De 1714 a 1975* (1980).

2.14.2. Sobre el Principat de Catalunya:

Joan Salvat [dir.], *Història de Catalunya*, 6 vols. (Barcelona, Salvat): I (1982), II (1983), III (1982), IV (1983), V (1983) i VI (1984).

Pierre Vilar [dir.], *Història de Catalunya*, 8 vols. (Barcelona, Edicions 62): I. Joan Maluquer de Motes, *Prehistòria i Edat Antiga. Fins al segle III* (1987), II. Josep M. Salrach, *El procés de feudalització. Segles III-XII* (1987), III. Carme Batlle, *L'expansió baixmedieval. Segles XIII-XV* (1988), IV. Núria Sales, *Els segles de la Decadència. Segles XVI-XVIII* (1989), V. Josep Fontana, *La fi de l'antic règim i la industrialització (1787-1868)* (1988), VI. Josep Termes, *De la Revolució de Setembre a la fi de la Guerra Civil (1868-1939)* (1987), VII. Borja de Riquer i Joan B. Culla, *El franquisme i la transició democràtica (1939-1988)* (1989) i VIII. *Antologia d'Estudis Històrics. Catalunya, avui. Índex onomàstic* (1990).

2.14.3. Sobre la dictadura de Primo de Rivera
        al Principat de Catalunya:

Josep M. Roig Rosich, *La Dictadura de Primo de Rivera a Catalunya. Un assaig de repressió cultural* (Montserrat, Publicacions de l'Abadia, 1992), 686 pàgs.

2.14.4. Sobre la guerra d'Espanya i la dictadura franquista al Principat de Catalunya:

[Josep Benet], *Catalunya sota el règim franquista. I. Informe sobre la persecució de la llengua i la cultura de Catalunya pel règim del general Franco* (París, Edicions Catalanes, 1973), 469 pàgs. [2a. ed.: Josep Benet, *Catalunya sota el règim franquista...* (Barcelona, Blume, 1979)].

Josep M. Solé Sabaté i Joan Villarroya, *Catalunya sota les bombes (1936-1939)* (Montserrat, Publicacions de l'Abadia, 1986), 376 pàgs.

Josep M. Solé Sabaté i Joan Villarroya, *L'ocupació militar de Catalunya (març 1938-febrer 1939)* (Barcelona, L'Avenç, 1987), 135 pàgs.

Catalunya i la guerra civil (1936-1939) (Montserrat, Publicacions de l'Abadia, 1988), 208 pàgs. [Cicle de conferències, curs 1986/87, amb col·laboracions de J. Benet, M. Campillo, C. Fontserè, P. Garcia, X. Marcet, J. Massot, P. Pagès, B. de Riquer i J. M. Solé].

Josep M. Solé Sabaté i Joan Villarroya, *La repressió a la reraguarda de Catalunya (1936-1939)*, 2 vols. (Montserrat, Publicacions de l'Abadia): I (1989), 484 pags. i II (1990), 484 pàgs.

2.14.5. Sobre el País Valencià:

Història del País Valencià, coordinada per Ernest Belenguer, 5 vols. (Barcelona, Edicions 62): I. M. Tarradell i M. Sanchis Guarner, *Prehistòria i antiguitat. Època musulmana* ([1965]), II. P. López, R.I. Burns, A. Rubio, P. Iradiel, E. Belenguer, M. Batllori, A. Ferrando i A. José, *De la conquesta a la Federació hispànica* (1989), III. J. Reglà, J. Climent, J. Fuster, S. Garcia i T. Simó, *De les Germanies a la Nova Planta* ([1975]), IV. J.M. Pérez, M. Ardit, T. Hernàndez, I. Morant, J. Pradells, E. Giménez, M.C. Romeo, M. Peset, V. Navarro, F. Sureda, J. Bérchez i S. Albiñana, *L'època borbònica fins a la crisi de l'Antic Règim* (1990) i V. J. Millán, I. Burdiel, P. Ruiz, M. Martí, M. Baldó, V. Soler, J. Alcàzar, I. Saz i J. E. Tormo, *Època contemporània* (1990).

2.14.6. Sobre la guerra d'Espanya al País Valencià:

Albert Girona, *Guerra i revolució al País Valencià* (València, Eliseu Climent, 1986), 554 pàgs.

2.14.7. Sobre Mallorca:

Josep Mascaró Pasarius [coord.], *Historia de Mallorca*, 10 vols. (Palma de Mallorca, Vicenç Colom Rosselló): 1-5 (1978) i 6-10 (1979).
Jaume Alzina, Camil·la Blanes, Pere Fiol, Aina Le-Senne, Antoni Limongi i Antoni Vidal, *Història de Mallorca*, 2 vols. (Palma de Mallorca, Moll, 1982).

2.14.8. Sobre la guerra d'Espanya i la dictadura franquista a les illes Balears:

El dossier *La República i la guerra civil a Mallorca*, «Randa», 3 i 4 (1976). [Amb treballs de: 3) D. Ferrà-Ponç, P. Gabriel, J. Massot i Muntaner i G. Simó, i 4) D. Ferrà-Ponç, P. Gabriel, J. Massot i Muntaner, M. Moral de Prudon, A. Murillo i A. Terrades].
Josep Massot i Muntaner, *El desembarcament de Bayo a Mallorca* (Montserrat, Publicacions de l'Abadia, 1986), 468 pàgs.
Llorenç Capellà, *Diccionari vermell* (Palma de Mallorca, Moll, 1989), 222 pàgs.; il.
Josep Massot i Muntaner, *Els escriptors i la guerra civil a les Illes Balears* (Montserrat, Publicacions de l'Abadia, 1990), 492 pàgs.

2.14.9. Sobre la Catalunya del Nord:

Alícia Marcet i Juncosa, *Breu història de les terres catalanes del Nord* (Perpinyà, Llibres del Trabucaire, 1988), 191 pàgs.

2.14.10. Sobre els catalans víctimes del nazisme:

Montserrat Roig, *Els catalans als camps nazis* (Barcelona, Edicions 62, 1977), 548 pàgs.; il.

2.14.11. Obres generals:

Josep M. Cadena, *505 fets bàsics de Catalunya* (Barcelona, La Campana, 1989), 297 pàgs.
Jesús Mestre i Campi [dir.], *Diccionari d'Història de Catalunya* (Barcelona, Edicions 62, 1992).

2.14.12. Altres materials:

Materials i documentació sobre Història de Catalunya (1992). Maleta cofeccionada conjuntament pels Departaments d'Ensenyament, Cultura, Benestar Social i Presidència de la Generalitat de Catalunya i que conté una sèrie de vídeos i llibres bàsics d'història de Catalunya per a adults, i també per a infants —còmic, dibuixos animats. [El contingut de la maleta serà renovat periòdicament. Les maletes es trameten gratuïtament a les entitats que acreditin l'interès i la capacitat de difondre'n el material].

2.15. *Impremta i llibre (història):*

Marià Aguiló i Fuster, *Catálogo de obras en lengua catalana impresas desde 1474 hasta 1860* (Madrid, Sucesores de Rivadeneyra, 1923), 1079 pàgs. [N'hi ha edició facsímil: (Barcelona-Sueca, Curial, 1977)].
Joaquim M. Bover, *Imprentas de las Islas Baleares* (Palma de Mallorca, Impremta de Josep Gelabert, 1862), 32 pàgs. [S'hi relacionen les impremtes illenques des de 1485 fins a 1862. N'hi ha edició facsímil: (Palma de Mallorca, Miquel Font, 1984)].
Josep Enric Serrano i Morales, *Reseña histórica en forma de Diccionario de las Imprentas que han existido en Valencia*

desde la introducción del arte tipográfico en España hasta el año 1868, con noticias bio-bibliográficas de los principales impresores (València, Impremta F. Domènech, 1899), XXVIII+659 pàgs. [N'hi ha edició facsímil: (València, Llibreries «París-València», 1987)].

Anselm M. Albareda, *La Impremta de Montserrat (Segles XV-XVI)* (Montserrat, 1919),

Antoni Palau i Dulcet, *Manual del librero hispanoamericano*, 28 volums. (Barcelona, 1948-1977). [2a. ed., molt acrescuda pel seu fill Agustí].

Josep Maria Madurell i Marimon i Jordi Rubió i Balaguer, *Documentos para la Historia de la Imprenta y Librería en Barcelona (1474-1553)* (Barcelona, [Marià Galve] 1955), 1013 pàgs.

Commemoració dels 500 anys del primer llibre imprès en català 1474-1974. L'aventura editorial a Catalunya (Barcelona, Lluís Carulla, 1972), 109 pàgs.; il. [Amb col·laboracions de J. M. Ainaud, P. Bohigas, J. M. Cadena, J. Faulí, J. Fuster, T. Garcés, D. Guansé, A. Manent, G. Mir, J. Miracle, J. Oliver, R. Pla i Arxé, J. Porter, J. Rius i Vila, J. Rubió i J. Triadú].

Homenatge a la impremta valenciana 1474-1974 (València, Gorg, 1974), 135 pàgs.; il. [Amb treballs de R. Blasco, P. Bohigas, J. Fuster, R. Moròder, J. Perarnau i L. Tramoyeres].

Biblioteca de Catalunya. Exposició commemorativa del V Centenari de la Impremta. El llibre incunable als Països Catalans, a cura de Pere Bohigas i Amadeu J. Soberanas. (Barcelona, Diputació de Barcelona, 1976), 97 pàgs.; il.

Maria Josepa Gallofré i Virgili, *L'edició catalana i la censura franquista (1939-1951)* (Montserrat, Publicacions de l'Abadia, 1991), 542 pàgs.

2.16. *Indústria:*

Antoni Flors, Carles Gasòliba i Narcís Serra, *La indústria a Catalunya* (Barcelona, Vicens Vives, 1978), 232 pàgs.

Pere Molera i Solà i Consol Barrueco i Jaoul, *Llibre de la Farga* (Barcelona, Rafael Dalmau, 1983), 112 pàgs.

Júlia Simon Arias, *La Farga catalana* (Barcelona, IEC, 1992), 166 pàgs.

2.17. *Institucions polítiques:*

La Generalitat de Catalunya. Orígens i restabliment (Barcelona, Generalitat de Catalunya, 1979), 120 pàgs.

Oriol Vergés i Josep Cruañas, *La Generalitat en la història de Catalunya* (Barcelona, Generalitat de Catalunya, 1982), 105 pàgs.; il. [N'hi ha versió alemanya: *Die Generalitat in Kataloniens Geschichte* (1986), anglesa: *The Generalitat in the History of Catalonia* (1986), francesa: *La Generalitat et l'histoire de la Catalogne* (1986) i italiana: *La Generalitat nella storia di Catalogna* (1986)].

Jaume Sobrequés i Callicó, Francesc Vicens i Ismael E. Pitarch, *El Parlament de Catalunya* (Barcelona, Parlament de Catalunya, 1981), 118 pàgs.; il. [N'hi ha versió anglesa: *The Parlament of Catalonia* (1982)].

2.18. *Mitjans de comunicació:*

Joan Torrent i Rafael Tasis, *Història de la premsa catalana*, 2 vols. (Barcelona, Bruguera, 1966), 924 i 812 pàgs.; il.

Lluís Solà i Dachs, *Història dels diaris en català (Barcelona, 1879-1976)* (Barcelona, Edhasa, 1978), 211 pàgs.

Ricard Blasco, *La premsa del País Valencià (1790-1983): Catàleg bibliogràfic de les publicacions aparegudes al País Valencià des de 1790 fins als nostres dies*, I. *Materials per al seu estudi* (València, Institució Alfons el Magnànim, 1983), 1086 pàgs.

Josep Gifreu, *Sistemes i polítiques de la comunicació a Catalunya. Premsa, ràdio, televisió i cinema (1970-1980)* (Barcelona, L'Avenç, 1983), XVII+572 pàgs.

Jaume Guillamet, *La premsa comarcal, un model català de periodisme popular* (Barcelona, Generalitat de Catalunya, 1983), 462 pàgs.

Climent Riot, *La presse roussillonnaise/La premsa a Catalunya Nord*, I. Des origines à 1881 (Prada de Conflent, Terra Nostra, 1987), 367 pàgs.; il.

Jaume Guillamet, *La premsa a Catalunya* (Barcelona, Diputació de Barcelona/Col·legi de Periodistes de Catalunya, 1988), 133 pàgs.

Joan M. Corbella, Daniel E. Jones, Rosario de Mateo i Jaume Vilalta, *La premsa a Catalunya els anys vuitanta* (Barcelona, Generalitat de Catalunya, 1988), 94 pàgs.

Josep Maria Casasús, *El periodisme a Catalunya* (Barcelona, Plaza & Janés, 1988), 168 pàgs.

Josep M. Figueres, *La premsa catalana: apreciació històrica* (Barcelona, Dalmau, 1989), 120 pàgs; il.

2.19. *Navegació i pesca:*

Arcadi Garcia Sanz, *Història de la marina catalana* (Barcelona, Aedos, 1977), 480 pàgs.; il.

Ramon Camprubí, *La pesca a Catalunya* (Barcelona, Destino, 1980), 350 pàgs.; il.

2.20. *Numismàtica:*

Joaquim Botet i Sisó, *Les monedes catalanes*, 3 vols. (Barcelona, IEC, 1908), 236, 396 i 600 pàgs. [Ed. facsímil: (Barcelona, Puvill, 1976)].

2.21. *Religió:*

Joan Gonzàlez Pastor, *El protestantisme a Catalunya* (Barcelona, Bruguera, 1968), 112 pàgs.

Josep Massot i Muntaner, *Aproximació a la història religiosa de la Catalunya contemporània* (Montserrat, Publicacions de l'Abadia, 1973), 220 pàgs.

Josep Massot i Muntaner, *L'Església catalana al segle XX* (Barcelona, Curial, 1975), 224 pàgs.

Josep Massot i Muntaner, *Església i societat a la Mallorca del segle XX* (Barcelona, Curial, 1977), 576 pàgs.

Ramiro Reig i Josep Picó, *Feixistes, rojos i capellans: Església i societat al País Valencià (1940-1977)* (Palma de Mallorca, Moll, 1978), 250 pàgs.

Josep Massot i Muntaner, *Els creadors del Montserrat modern. Cent anys de servei a la cultura catalana* (Montserrat, Publicacions de l'Abadia, 1979), 288 pàgs.

Joan Bonet i Baltà, *L'Església catalana, de la Il·lustració a la Renaixença* (Montserrat, Publicacions de l'Abadia, 1984), 776 pàgs.

Joan Bonet i Baltà i Casimir Martí, *L'integrisme a Catalunya: les grans polèmiques (1881-1888)* (Barcelona, Vicens-Vives, 1990), 645 pàgs.

Unió de Religiosos de Catalunya, *Catalònia religiosa. Atles històric: dels orígens als nostres dies*, a cura de Joan Bada i Genís Samper (Barcelona, Claret, 1991), 567 pàgs.; il.

2.22. *Sociologia:*

Joaquim Maluquer Sostres, *L'assimilation des immigrés en Catalogne* (Ginebra, Droz, 1963), 156 pàgs.

Francesc Candel, *Els altres catalans* (Barcelona, Edicions 62, 1964), 366 pàgs. [N'hi ha versió espanyola: *Los otros catalanes* (Barcelona, Península, 1972); 4a. ed.].

Baruch Braunstein, *The chuetas of Majorca. Conversos and the Inquisition of Majorca* (Nova York, Ktav Publishing House, 1972). [2a. ed.; 1a. ed.: 1936. N'hi ha versió catalana: *Els xuetes de Mallorca. Els conversos i la Inquisició de Mallorca* (Barcelona, Curial, 1976), 331 pàgs.].

Emili Giralt, Albert Balcells i Josep Termes, *Els moviments socials a Catalunya, País Valencià i les Illes (Cronologia 1800-1939)* (Barcelona, La Magrana, 1978), 128 pàgs. [2a. ed. ampliada, especialment en l'apartat bibliogràfic; 1a. ed.: 1967].

Emili Giralt i Raventós [dir.], Albert Balcells, Alfons Cucó i Josep Termes, *Bibliografia dels moviments socials a Catalunya, País Valencià i les Illes* (Barcelona, Lavínia, 1972), 832 pàgs.

Salvador Giner, *The social structure of Catalonia* (Sheffield, The University of Sheffield Printing Unit, 1980), IX+78 pàgs. [Col. «The Anglo-Catalan Society Occasional Publications», 1].

Estructura social al País Valencià, a cura de Rafael L. Ninyoles (València, Diputació de València, 1982). [Amb treballs de L. Aguiló, M. Albella, A. Alonso, J. Bertolín, J. Cucó, A. Ferrer, M. Flors, F. Gimeno, F. Guaita, G. Jaén, R. Juan, J. V. Marquès, F. Martínez, A. de Miguel, J. F. Mira, D. Mollà, R. L. Ninyoles, A. Peñín, J. Picó, M. Ros, E. Sanchís, I. Serra, J. Sorribes i J. M. Tortosa].

IV. La llengua

1. Obres introductòries:

Antoni M. Badia i Margarit, *Llengua i cultura als Països Catalans* (Barcelona, Edicions 62, 1964), 197 pàgs.

Joan Coromines, *El que s'ha de saber de la llengua catalana* (Palma de Mallorca, Moll, 1965), 143 pàgs.

Albert Jané, *La llengua catalana* (Barcelona, Bruguera, 1966), 112 pàgs.

Josep Melià, *Informe sobre la lengua catalana* (Madrid, Magisterio Español, 1969), 369 pàgs.; il. [Adreçat al públic espanyol de l'època de la dictadura franquista].

Josep Roca-Pons, *Introducció a l'estudi de la llengua catalana* (Barcelona, Vergara, 1971), 385 pàgs.

Günter Haensch i Paul Hartig [dirs.], *Spanien*, 3 vols. (Frankfurt-Berlín-Munic, Moritz Diesterweg, 1975). [II. *Sprache und Literatur* (Antoni M. Badia i Margarit hi tracta de la llengua catalana)].

Joaquim Rafel, *Introducción a la lengua catalana*, dins Arthur Terry i J. Rafel, *Introducción a la lengua y la literatura catalanas* (Barcelona-Caracas-Mèxic, Ariel, 1977), pàgs. 9-72.

Jens Lüdtke, *Katalanisch. Eine einführende Sprachbeschreibung* (Munic, Max Hueber, 1984).

Giuseppe Tavani, Philip D. Rasico, Max Wheeler, Joseph Gulsoy, José Antonio Pascual, Georg Kremnitz i M. Claire Zimmermann, *Llibre blanc sobre la unitat de la llengua catalana* (Barcelona, Barcino/Fundació Jaume I, 1989), 217 pàgs.

Joan Garí, *El que cal saber sobre el valencià/ What you should know about Valencian/ Ce qu'il faut savoir sur le valencien/ Lo que hay que saber sobre el valenciano/ Wissenwertes über Valencianisch* (Borriana, Agrupació Borrianenca de Cultura, 1991), 133 pàgs.

Lexikon der Romanistischen Linguistik, V, 2 (Tübingen, Niemeyer, 1991). [Es tracta del volum dedicat a l'occità i el català. Amb treballs de diversos autors, el català hi ocupa les pàgines 127-310].

2. MÈTODES D'APRENENTATGE (PREFERENTMENT DESTINATS A NO-CATALANOPARLANTS):

Montserrat Albó, Montserrat Gimeno, Iolanda Pelegrí i Rosa Porter, *Retalls. Textos i exercicis de l'aprenentatge del català* (Barcelona, Teide, 1981).

Carme Alcoverro i Josep Pascual, *Papers. Pràctiques de català viu* (Barcelona, Vicens Vives, 1982).

Assumpta Fargas, Oriol Guasch i Josep Tió, *Llibretes d'exercicis autocorrectius*, 1, 2, 3, 4, 5 i 6 (Vic, Eumo, 1982-1983).

Dolors Badia i Salvador Comellas, *Exercicis de pronunciació del català* (Vic, Eumo, 1983). [Amb 2 cassettes].

Miquel Llobera i altres, *Paral·lel. Material auditiu per a l'ensenyament del català a no-catalanoparlants* (Barcelona, Edi-6, 1983).

Gentil Puig, Gustau Erill, Isabel Espona, Joan Maria Romaní i Josep Viñals, *Sempre endavant. Català per a adults no-catalanoparlants* (Barcelona, Barcanova, 1984).

Marta Mas, Joan Melcion, Rosa Rosanes i M. Helena Vergés, *Digui, digui... Curs de català per a no-catalanoparlants adults* Primer nivell (Montserrat-Barcelona, Publicacions de l'Abadia/Enciclopèdia Catalana, 1984). [Llibre de l'alumne/Llibre d'exercicis/Llibre del professor/Llibre de l'autoaprenent/

Col·lecció àudio (8 cassettes)/Col·lecció vídeo (5 vídeos Beta o VHS)].

Marta Mas, Joan Melcion, Rosa Rosanes i M. Helena Vergés, *Digui, digui... Curs de català per a no-catalanoparlants adults* Segon nivell (Montserrat, Publicacions de l'Abadia, 1985). [Llibre de l'alumne/Llibre d'exercicis/Llibre del professor/ Llibre de l'autoaprenent (2 vols.)/Col·lecció àudio (7 cassettes)/Col·lecció vídeo (5 vídeos Beta o VHS)].

Ramon Cavaller, *Anem-hi tots! Textos i exercicis de català fàcil*, 1 i 2 (Palma de Mallorca, Moll, 1984-1985).

Dolors Badia, Salvador Comellas, Queca Criach, Andreu Graner, Marta Jarque i Montserrat Vilà, *Llibretes autocorrectives de vocabulari*, 1, 2 i 3 (Vic, Eumo, 1986).

Daniel Cassany, Jordi Faulí, John McDowell i Octavi Roca, *Cop d'ull*. Textos i exercicis per a la comprensió lectora i l'expressió escrita (Barcelona, Edicions 62, 1987) [*Cop d'ull. Llibre del professor* (Barcelona, Edicions 62, 1987)].

Loreto Busquets, *Curs intensiu de llengua catalana* (Montserrat, Publicacions de l'Abadia, 1988).

Marta Mas, Joan Melcion, Rosa Rosanes i M. Helena Vergés, *Digui, digui... Curs de català per a estrangers* (Barcelona, Departament de Cultura de la Generalitat de Catalunya, 1992). [Pròximament es publicaran les guies en alemany i francès].

2.1. *Mètodes per a ús d'estudiants de parla alemanya*:

Artur Quintana, *Handbuch des Katalanischen* (Barcelona, Barcino, 1981).

Jaume Tió, *Curs de català per a estrangers* (Vic, Eumo, 1986)+*Glossar Katalanisch-Deutsch. Curs de català per a estrangers* (Vic, Eumo, 1986).

2.2. *Mètodes per a ús d'estudiants de parla anglesa*:

Alan Yates, *Catalan. A complete course for tourists, busi-*

nessmen and students (Londres, Hodder & Stoughton, 1984). [Col·lecció «Teach Yourself Books»].

Jaume Tió, *Curs de català per a estrangers* (Vic, Eumo, 1986)+*Glossary Catalan-English. Curs de català per a estrangers* (Vic, Eumo, 1986).

Alan Yates i Toni Ibarz, *A Catalan Handbook (working with «Digui, digui...»)* (Barcelona, Direcció General de Política Lingüística de la Generalitat de Catalunya, en premsa: 1993).

2.3. *Mètodes per a ús d'estudiants de parla espanyola:*

Roser Latorre, *Primer curso de catalán* (Barcelona, Barcino, 1966).

Josep Llobera i Ramon, *Prácticas de catalán básico* (Barcelona, Teide, 1969).

Josep Llobera i Ramon, *Prácticas de catalán básico. Libro de ejercicios* (Barcelona, Teide, 1969).

Joan Dorandeu i Montserrat Moral de Prudon, *El catalán sin esfuerzo* (París, Assimil, 1979).

2.4. *Mètodes per a ús d'estudiants de parla francesa:*

Pere Verdaguer, *Cours de langue catalane* (Barcelona, Barcino, 1974).

Pere Verdaguer, *Le Catalan et le Français comparés* (Barcelona, Barcino, 1976).

Pere Verdaguer, *Abrégé de grammaire catalane* (Barcelona, Barcino, 1976).

Maria Solà i Miquela Valls, *Ara i aquí*, 2 vols. (Prada de Conflent, CREC/Terra Nostra, 1986) [=«Terra Nostra», 57 i 58].

Jaume Tió, *Curs de català per a estrangers* (Vic, Eumo, 1986)+*Glossaire Catalan-Français. Curs de català per a estrangers* (Vic, Eumo, 1988).

2.5. *Mètode per a ús d'estudiants de parla italiana:*

Annamaria Gallina, *Grammatica della lingua catalana* (Barcelona, Barcino, 1969).

3. GUIES DE CONVERSA:

3.1. *Per a ús d'estudiants de parla alemanya:*

Kálmán Faluba i Károly Morvay, *Sprachführer. Deutsch-Katalanisch-Spanisch* (Barcelona, La Magrana, 1992).
Sprachfürer Deutsch-Katalanisch (Vic, Eumo, 1992).

3.2. *Per a ús d'estudiants de parla anglesa:*

Kálmán Faluba i Károly Morvay, *Conversation Guidebook. English-Catalan-Spanish* (Barcelona, La Magrana, 1992).
Gemma Vives Boix, *Parla català! Speak the language of Barcelona, the olympic city* (Cardiff, Gwasg Pia, 1992).

3.3. *Per a ús d'estudiants de parla espanyola:*

Kálmán Faluba i Károly Morvay, *Guía de conversación. Castellano-Catalán* (Barcelona, La Magrana, 1992).

3.4. *Per a ús d'estudiants de parla francesa:*

Kálmán Faluba i Károly Morvay, *Guide de conversation. Français-Catalan-Espagnol* (Barcelona, La Magrana, 1992).

3.5. *Per a ús d'estudiants de parla hongaresa:*

Kálmán Faluba i Károly Morvay, *Magyar-spanyol-katalán társalgás* (Budapest, Tankönyvkiadó, 1991).

3.6. *Per a ús d'estudiants de parla italiana:*

Guida di conversazione Italiano-Catalano (Vic, Eumo, 1992).

4. DICCIONARIS I VOCABULARIS:

4.1. *Diccionaris de la llengua:*

4.1.a. Els diccionaris fonamentals:

Pompeu Fabra: *Diccionari General de la Llengua Catalana* (Barcelona, Llibreria Catalonia, 1932) [Lògicament es tracta d'un diccionari molt reeditat; actualment el publica l'editorial barcelonina Edhasa].

Antoni M. Alcover i Francesc de B. Moll, *Diccionari Català-Valencià-Balear*, 10 vols. (Palma de Mallorca, Moll): 1 (1968) [2a. ed.], 2 (1975) [2a. ed.], 3-6 (1968) i 7-10 (1969).

Joan Coromines, *Diccionari etimològic i complementari de la llengua catalana*, 9 vols. (Barcelona, Curial/«La Caixa»): I (1980), II (1981), III (1982), IV (1984), V (1985), VI (1986), VII (1987), VIII (1988) i IX (1991).

4.1.b. Altres diccionaris de la llengua:

Diccionari fonamental de la llengua catalana. Vox (Barcelona, Biblograf, 1978).

Diccionari manual de la llengua catalana. Vox (Barcelona, Biblograf, 1980).

Miquel Arimany, *Diccionari general català* (Barcelona, Arimany, 1980).

Pompeu Fabra, *Diccionari manual de la llengua catalana* (Barcelona, Edhasa, 1983).

Diccionari de la llengua catalana (Barcelona, Enciclopèdia Catalana, 1983).

Diccionari Barcanova de la llengua (Barcelona, Barcanova, 1985).

4.1.c. Diccionaris de locucions i frases fetes:

Josep Balbastre, *Nou recull de modismes i frases fetes* (Barcelona, Pòrtic, 1982).
Joana Raspall i Joan Martí, *Diccionari de locucions i frases fetes* (Barcelona, Edicions 62, 1984).

4.1.d. Diccionaris de sinònims i antònims:

Albert Jané, *Diccionari català de sinònims* (Barcelona, Aedos, 1972).
Santiago Pey, *Diccionari de sinònims i antònims* (Barcelona, Teide, 1977).
Diccionari de sinònims catalans (Barcelona, Arimany, 1979).
Diccionari manual de sinònims. Vox (Barcelona, Biblograf, 1981).
Manuel Franquesa, *Diccionari de sinònims i antònims* (Barcelona, Pòrtic, 1983).

4.1.e. Diccionaris ortogràfics i d'homònims i parònims:

Diccionari manual ortogràfic. Vox (Barcelona, Biblograf, 1979).
Joana Raspall i Joan Martí, *Diccionari d'homònims i parònims* (Barcelona, Barcanova, 1988).
Jordi Bruguera i Talleda, *Diccionari ortogràfic i de pronúncia* (Barcelona, Enciclopèdia Catalana, 1990).

4.1.f. Diccionaris ideològics:

Xavier Romeu, *Breu diccionari ideològic* (Barcelona, Teide, 1981).
Ernest Sabater, *Diccionari ideològic* (Barcelona, Barcanova, 1990).

4.1.g. Diccionaris de barbarismes:

Esperança Figueras i Rosalina Poch, *Nou vocabulari de barbarismes* (Barcelona, Barcino, 1973).

Aureli Cortiella, *Vocabulari de barbarismes i castellanismes* (Barcelona, Caixa d'Estalvis de Catalunya, 1981).

Joan Miravitlles, *Diccionari general de barbarismes* (Barcelona, Claret, 1982).

Santiago Pey, *Vocabulari de barbarismes* (Barcelona, Teide, 1982).

Jaume Corbera i Pou, *Vocabulari de barbarismes del català de Mallorca* (Palma de Mallorca, Promotora mallorquina de mitjans de comunicació, 1983).

4.1.h. Diccionaris inversos i de la rima:

Francesc Ferrer Pastor, *Diccionari de la rima*, 2 vols. (València, Fermas, 1980-1981).

M. Lluïsa Massó i Ruhí, Carlos Subirats Rüggeberg i Philippe Vasseux, *Diccionari invers de la llengua catalana* (Bellaterra, Universitat Autònoma de Barcelona/Laboratoire d'Automatique Documentaire et Linguistique/CNRS i Université Paris 7/, 1985).

Joan Mascaró i Joaquim Rafel, *Diccionari català invers amb informació morfològica* (Montserrat, Publicacions de l'Abadia, 1990).

4.2. *Diccionaris bilingües:*

4.2.1. Alemany:

Lluís C. Batlle i Günther Haensch, *Diccionari Alemany-Català* (Barcelona, Enciclopèdia Catalana, 1981).
Diccionari Català-Alemany (Barcelona, Enciclopèdia Catalana, 1991).

70

4.2.2. Anglès:

Salvador Oliva i Angela Buxton, *Diccionari Anglès-Català* (Barcelona, Enciclopèdia Catalana, 1983).
Salvador Oliva i Angela Buxton, *Diccionari Català-Anglès* (Barcelona, Enciclopèdia Catalana, 1983).

4.2.3. Espanyol:

Santiago Albertí, *Diccionari castellà-català/català-castellà* (Barcelona, Albertí, 1961). [N'hi ha 3 versions: Petit, Mitjà i Gran].
Miquel Arimany, *Diccionari català-castellà/castellà-català* (Barcelona, Arimany, 1971). [N'hi ha 5 versions: Bàsic, Breu i Pràctic (1971), Manual (1974) i Usual (1980)].
Francesc de B. Moll, *Diccionari català-castellà/castellà-català* (Palma de Mallorca, Moll, 1978).
Diccionari Castellà-Català (Barcelona, Enciclopèdia Catalana, 1985).
Diccionari Català-Castellà (Barcelona, Enciclopèdia Catalana, 1987).

4.2.4. Francès:

Carles i Rafael Castellanos, *Diccionari Francès-Català* (Barcelona, Enciclopèdia Catalana, 1984). [2a. ed.; la primera edició reunia en un sol volum aquest diccionari i l'invers].
Carles i Rafael Castellanos, *Diccionari Català-Francès* (Barcelona, Enciclopèdia Catalana, 1984). [2a. ed.; la primera edició reunia en un sol volum aquest diccionari i l'invers].

4.2.5. Hongarès:

Kálmán Faluba i Károly Morvay, *Diccionari Català-Hongarès* (Barcelona, Enciclopèdia Catalana, 1990).
Diccionari Hongarès-Català (Barcelona, Enciclopèdia Catalana, en preparació).

4.2.6. Italià:

Rossend Arqués, *Diccionari Català-Italià* (Barcelona, Enciclopèdia Catalana, 1992).
Diccionari Italià-Català (Barcelona, Enciclopèdia Catalana, en preparació).

4.2.7. Japonès:

Albert Torres i Graell, *Diccionari Japonès-Català/Català-Japonès* (Barcelona, Enciclopèdia Catalana, 1984).

4.2.8. Portuguès:

Manuel de Seabra i Vimala Devi, *Diccionari Portuguès-Català* (Barcelona, Enciclopèdia Catalana, 1985).
Diccionari Català-Portuguès (Barcelona, Enciclopèdia Catalana, 1989).

4.2.9. Rus:

Dorota Szmidt i Monika Zgustová, *Diccionari Rus-Català* (Barcelona, Enciclopèdia Catalana, 1985).
Svetlana Bank, *Diccionari Català-Rus* (Barcelona, Enciclopèdia Catalana, 1992).

5. CARACTERITZACIÓ DE LA LLENGUA.

Joseph Gulsoy, *Catalan [Philology and Linguistics]*, «*Trends in Romance Linguistics and Philology*», III (L'Haia 1982), pàgs. 189-296. [Joseph Gulsoy i Max W. Wheeler tenen en preparació l'estudi bibliogràfic *Panorama de la lingüística catalana* (Barcelona, Curial)].

5.1. Gramàtiques:

Pompeu Fabra, *Gramática de la lengua catalana* (Barcelona, L'Avenç, 1912), 480 pàgs. [Edició facsímil: (Barcelona, Aqua, 1982)].

Pompeu Fabra, *Gramàtica catalana* (Barcelona, IEC, 1918). [Nova edició: (Barcelona, Aqua, 1981), 194 pàgs.].

Joseph Huber, *Katalanische Grammatik: Laut- und Formenlehre, Syntax, Wortbildung* (Heidelberg, Winter, 1929), 226 pàgs.

Washington Irving Crowley, *A Modern Catalan Grammar* (Nova York, G. E. Stechert, 1936), 124 pàgs.

Pompeu Fabra, *Grammaire catalane* (París, Les Belles Lettres, 1941), X+132 pàgs.

Joan Gili, *Introductory Catalan Grammar* (Oxford, Dolphin Book, 1943). [A partir de la 4a. ed. (1974; 251 pàgs.) s'hi ha afegit un capítol sobre pronunciació i ortografia, a cura de Max W. Wheeler].

Pompeu Fabra, *Gramàtica catalana* (Barcelona, Teide, 1956), XII+204 pàgs.

Antoni M. Badia i Margarit, *Gramática catalana*, 2 vols. (Madrid, Gredos, 1962), 478 i 542 pàgs.

Albert Jané, *Gramàtica essencial de la llengua catalana* (Barcelona, Bruguera, 1979), 210 pàgs.

Liliana Macarie, *Limba catalană. Fonologie. Morfologie. Vocabular* (Bucarest, Institutul de Linguistică de la Universitat, 1980), 321 pàgs.

José Ignacio Hualde, *Catalan* (Londres, Routledge, 1992), 451 pàgs. [Forma part de la col·lecció «Descriptive Grammar Series»].

5.2. Fonètica i fonologia:

Ramon Cerdà Massó, *El timbre vocálico en catalán* (Madrid, CSIC/Instituto «Miguel de Cervantes», 1972), 201 pàgs.; il.

Max Wheeler, *Phonology of Catalan* (Oxford, Basil Blackwell, 1979), XXII+330 pàgs.

Joan Mascaró, *La fonologia catalana i el cicle fonològic* (Bellaterra, Departament de Filologia Hispànica de la UAB, 1983), 243 pàgs.

Antoni M. Badia i Margarit, *Sons i fonemes de la llengua catalana* (Barcelona, Publicacions de la Universitat de Barcelona, 1988), 390 pàgs.

Daniel Recasens i Vives, *Fonètica descriptiva del català (Assaig de caracterització de la pronúncia del vocalisme i el consonantisme català al segle XX* (Barcelona, IEC, 1991), 371 pàgs.

5.3. *Morfologia i sintaxi:*

Joan Solà, *Estudis de sintaxi catalana*, 2 vols. (Barcelona, Edicions 62, 1972-1973), 176 i 181 pàgs.

Gemma Rigau i Oliver, *Gramàtica del discurs* (Bellaterra, UAB, 1981), 539 pàgs.

Joan Solà, *Qüestions controvertides de sintaxi catalana* (Barcelona, Edicions 62, 1987), 254 pàgs.

Sebastià Bonet i Joan Solà, *Sintaxi generativa catalana* (Barcelona, Enciclopèdia Catalana, 1986), 439 pàgs.

Joan Mascaró, *Morfologia catalana* (Barcelona, Enciclopèdia Catalana, 1991), 148 pàgs.

Joan Rafael i Ramos, *Introducció a la sintaxi. Anàlisi categorial i funcional de l'oració simple* (València, Tàndem, 1992), 215 pàgs.

5.4. *Lexicologia i lexicografia:*

Germà Colon, *El léxico catalán en la Romania* (Madrid, Gredos, 1976), 541 pàgs.

Jordi Bruguera, *Història del lèxic català* (Barcelona, Enciclopèdia Catalana, 1985), 148 pàgs.

Maria Teresa Cabré i Gemma Rigau, *Lexicologia i semàntica* (Barcelona, Enciclopèdia Catalana, 1986), 224 pàgs.

Germà Colon i Amadeu J. Soberanas, *Panorama de la lexi-*

cografia catalana. De les glosses medievals a Pompeu Fabra (Barcelona, Enciclopèdia Catalana, 1986), 276 pàgs.

Teresa Cabré i Mercè Lorente, *Els diccionaris catalans, de 1940 a 1988* (Barcelona, Publicacions de la UB, 1991), 542 pàgs.

Joan Solà i Albert Rico, *Gramatografia i lexicografia catalanes* (Barcelona, Edicions 62, en premsa).

5.5. *Dialectologia:*

Joan Veny, *Els parlars catalans (Síntesi de dialectologia)* (Palma de Mallorca, Moll, 1982), 249 pàgs. [3a. ed., corregida i augmentada].

Joan Martí i Castell [coord.], *Coneguem els nostres parlars* (Barcelona, Generalitat de Catalunya, 1985), 314 pàgs.

Joan Veny, *Introducció a la dialectologia catalana* (Barcelona, Enciclopèdia Catalana, 1986), 237 pàgs.

Jordi Colomina i Castanyer, *Bibliografia de dialectologia catalana*, dins «A sol post. Estudis de llengua i literatura», 1 (Alcoi, Marfil, 1990), pàgs. 75-131.

[És en curs d'elaboració l'*Atlas Lingüístic del Domini Català*, fruit de la col·laboració entre la UB i l'IEC].

5.6. *Onomàstica:*

Josep M. Soler i Janer, *Gentilicis dels Països Catalans* (Barcelona, Millà, 1979), 130 pàgs.

Enric Moreu-Rey, *Renoms, motius, malnoms i noms de casa* (Barcelona, Millà, 1981), 256 pàgs.

Francesc de B. Moll, *Els llinatges catalans* (Catalunya, País Valencià, Illes Balears) (Palma de Mallorca, Moll, 1982), 387 pàgs. [2a. ed., molt augmentada].

Enric Moreu-Rey, *Els nostres noms de lloc* (Palma de Mallorca, Moll, 1982), 219 pàgs.

Renada Laura Portet, *A la recerca d'una memòria: els noms de lloc del Rosselló (microtoponímia)* (Perpinyà, CDACC, 1983), 275 pàgs.

Joan Coromines, *Onomasticon Cataloniae* (Barcelona, Curial): 1. Josep Mascaró Passarius, *Toponímia antiga de les Illes Balears* (1989). [Nous volums en preparació].

Enric Moreu-Rey, *Antroponímia. Història dels nostres prenoms, cognoms i renoms* (Barcelona, Publicacions Universitat de Barcelona, 1991), 205 pàgs.

Lluís Basseda, *Toponymie historique de Catalunya Nord* (Prada de Conflent, Terra Nostra/CREC, 1992), 796 pàgs.

5.7. *Mètrica i versificació:*

Salvador Oliva, *Mètrica catalana* (Barcelona, Quaderns Crema, 1980), 159 pàgs.

Salvador Oliva, *Introducció a la mètrica* (Barcelona, Quaderns Crema, 1986), 111 pàgs.

Josep Bargalló Valls, *Manual de mètrica i versificació catalanes* (Barcelona, Empúries, 1991), 230 pàgs.

Jordi Parramon, *Repertori mètric de la poesia catalana medieval* (Montserrat, Curial/Publicacions de l'Abadia, 1992), 340 pàgs.

5.8. *Sociolingüística:*

Georg Kremnitz [dir.], *Sprachen im Konflikt. Theorie und Praxis der katalanischen Soziolinguisten. Eine Textauswahl* (Tübingen, Günter Narr, 1979), 233 pàgs. [Selecció de textos de sociolingüística catalana traduïts a l'alemany].

Francesc Vallverdú, *Aproximació crítica a la sociolingüística catalana* (Barcelona, Edicions 62, 1980), 243 pàgs. [Conté la bibliografia sociolingüística referent als Països Catalans publicada entre 1960 i 1979].

Lluís V. Aracil, *Papers de sociolingüística* (Barcelona, La Magrana, 1982), 249 pàgs.

Lluís V. Aracil, *Dir la realitat* (Barcelona, Edicions Països Catalans, 1983), 301 pàgs.

Catalan Sociolinguistics [=«International Journal of the Sociology of Language», 47] (1984) [A cura de Maria Ros i Miquel Strubell].

Josep Gifreu [dir.], *Comunicació, llengua i cultura a Catalunya: horitzó 1990* (Barcelona, IEC, 1986), 335 pàgs.

Albert Bastardas i Josep Soler [eds.], *Sociolingüística i llengua catalana* (Barcelona, Empúries, 1988), 238 pàgs. [Bibliografia actualitzada].

Lluís Payrató, *Català col·loquial. Aspectes de l'ús corrent de la llengua catalana* (València, Universitat, 1988), 222 pàgs.

Kathryn A. Woolard, *Double Talk. Bilingualism and the Politics of Ethnicity in Catalonia* (Stanford University Press, 1988), 183 pàgs. [N'hi ha versió catalana: *Identitat i contacte de llengües a Barcelona* (Barcelona, La Magrana, 1992)].

Modest Prats, August Rafanell i Albert Rossich, *El futur de la llengua catalana* (Barcelona, Empúries, 1990), 83 pàgs.

Direcció General de Política Lingüística, *Estudis i propostes per a la difusió de l'ús social de la llengua catalana*, 4 vols. (Barcelona, Generalitat de Catalunya, 1991).

Joan Martí i Castell [ed.], *Processos de normalització lingüística: l'extensió d'ús social i la normativització* (Barcelona, Columna, 1991), 228 pàgs.

Jesús Royo, *Una llengua és un mercat* (Barcelona, Edicions 62, 1991), 192 pàgs.

Jude Webber & Miquel Strubell i Trueta, *The Catalan Language. Progress towards normalisation* ([Sheffield], The Anglo-Catalan Society, 1991), 100 pàgs. [Col. «The Anglo-Catalan Society Occasional Publications», 7].

Rafael Caria, Rosabel Ganyet, Jordi Ginebra, Isidor Marí [coord.], Joan Melià, Toni Mollà, Francesc Ricart i Miquela Valls, *La llengua als Països Catalans* (Barcelona, Fundació Jaume Bofill, 1992), 122 pàgs.

Isidor Marí, *Un horitzó per a la llengua. Aspectes de la normalització lingüística* (Barcelona, Empúries, 1992), 155 pàgs.

Miquel Pueyo, *Llengües en contacte en la comunitat lingüística catalana* (València, Universitat de València, 1992), 124 pàgs.

Miquel Siguan, *España plurilingüe* (Madrid, Alianza Editorial, 1992), 355 pàgs.

Des de 1977 es publica a València la revista «Treballs de Sociolingüística Catalana», vegeu l'apartat 6.22.

6. CARACTERITZACIÓ HISTÒRICA DE LA LLENGUA:

6.1. *Història de la llengua:*

Manuel Sanchis Guarner, *La llengua dels valencians* (València, L'Estel, 1933), 80 pàgs. [Molt augmentat a partir de la 3a. edició, actualment és publicat per Eliseu Climent; 212 pàgs.].

Manuel Sanchis Guarner, *Els valencians i la llengua autòctona durant els segles XVI, XVII i XVIII* (València, Institució Alfons el Magnànim, 1963), 136 pàgs.

Josep Miracle, *Pompeu Fabra* ([Barcelona], Aymà, 1968), 602 pàgs.; il.

Josep Massot i Muntaner, *Els mallorquins i la llengua autòctona* (Barcelona, Curial, 1972), 189 pàgs.

Joan Solà, *Del català incorrecte al català correcte. Història dels criteris de correcció lingüística* (Barcelona, Edicions 62, 1977), 312 pàgs.

Manuel Sanchis Guarner, *Aproximació a la història de la llengua catalana* (Barcelona, Salvat, 1980), 252 pàgs. [Arriba fins al segle xv].

Carles Duarte i Maria Àngels Massip, *Síntesi d'història de la llengua catalana* (Barcelona, La Magrana, 1981), 198 pàgs.

Josep M. Nadal i Modest Prats, *Història de la llengua catalana. 1. Dels inicis fins al segle XV* (Barcelona, Edicions 62, 1982), 544 pàgs.; il.

Xavier Lamuela i Josep Murgades, *Teoria de la llengua literària segons Fabra* (Barcelona, Quaderns Crema, 1984), 301 pàgs.

Francesc Ferrer i Gironès, *La persecució política de la llengua catalana. Història de les mesures preses contra el seu ús des de la Nova Planta fins avui* (Barcelona, Edicions 62, 1985), 320 pàgs.; il.

Josep Massot i Muntaner, *Antoni M. Alcover i la llengua catalana* (Barcelona, II Congrés Internacional de la Llengua Catalana/Publicacions de l'Abadia de Montserrat, 1985), 237 pàgs.

Mila Segarra, *Història de l'ortografia catalana* (Barcelona, Empúries, 1985), 463 pàgs.

Mila Segarra, *Història de la normativa catalana* (Barcelona, Enciclopèdia Catalana, 1985), 222 pàgs.

Joan Solà, *L'obra de Pompeu Fabra* (Barcelona, Teide, 1987).

Joan Solà, *Lingüística i normativa* (Barcelona, Empúries, 1990).

Joan Colomines, *La llengua nacional de Catalunya* (Barcelona, Generalitat de Catalunya, 1992), 213 pàgs. [N'hi ha versió espanyola: *La lengua nacional de Cataluña* (Barcelona, Generalitat de Catalunya, 1992), 223 pàgs.].

6.1.a.   Antologies de textos:

Paul Russell-Gebbett, *Mediaeval Catalan Linguistic Texts* (Oxford, Dolphin Book, 1965), 319 pàgs.; il.

Joan Martí i Castell i Josep Moran, *Documents d'història de la llengua catalana. Dels orígens a Fabra* (Barcelona, Empúries, 1986), 448 pàgs.

6.2.   *Gramàtiques històriques:*

Antoni M. Badia i Margarit, *Gramática histórica catalana* (Barcelona, Noguer, 1951), 385 pàgs.; il. [Versió catalana: *Gramàtica històrica catalana* (València, Eliseu Climent, 1981)].

Francesc de B. Moll, *Gramática histórica catalana* (Madrid, Gredos, 1952), 448 pàgs. [Versió catalana: *Gramàtica històrica catalana* (València, Universitat de València, 1991)].

Eduard Blasco Ferrer, *Grammatica Storica del Catalano e*

dei suoi dialetti con speciale riguardo all'Algherese (Tübingen, Günter Narr, 1984), xx+410 pàgs.

Carles Duarte i Montserrat i Àlex Alsina i Keith, *Gramàtica històrica del català*, 3 vols. (Barcelona, Curial): 1 (1984), 256 pàgs., 2 (1986), 248 pàgs. i 3 (1986), 168 pàgs.

7. RECULLS BIBLIOGRÀFICS:

Antoni M. Badia i Margarit, *Vint-i-cinc anys d'estudis sobre la llengua i la literatura catalanes (1950-1975) I. La llengua* (Montserrat, Publicacions de l'Abadia, 1976), 201 pàgs. [Es tracta de la traducció i actualització del seu treball *Lengua*, dins *Situación actual de los estudios de lengua y literatura catalanas* [=«Norte», any XI, Núm. 1+2] (Amsterdam, gener-abril 1970), pàgs. 8-66].

D'altra banda, la revista «Llengua & Literatura» conté un butlletí bibliogràfic amb les publicacions sobre llengua i literatura catalanes aparegudes a partir del gener de 1984; vegeu l'apartat 6.22.

V. La literatura

1. Històries de la literatura:

1.1. Obres introductòries:

Arthur Terry, *Catalan Literature* (Londres-Nova York, Ernest Benn Ltd.-Barnes & Noble Books, 1972). [Forma part de la sèrie dirigida per R. O. Jones *A Literary History of Spain*. N'hi ha versió espanyola: *Introducción a la literatura catalana*, dins A. Terry i Joaquim Rafel, *Introducción a la lengua y la literatura catalanas* (Barcelona-Caracas-Mèxic, Ariel, 1977), 73-308; enriquida per Albert Hauf —el traductor— i Enric Sullà amb una bibliografia].

Rudolf Brummer, *Katalanische Sprache und Literatur. Ein Abriss* (Munic, Fink, 1975).

Günter Haensch i Paul Hartig [dirs.], *Spanien*. Vegeu IV, 1. [II. *Sprache und Literatur*: Joaquim Molas hi tracta de la literatura catalana].

Germà Colon, *Literatura catalana* (Madrid, La Muralla, 1975), 47 pàgs. [Col. «Literatura española en imágenes», XXXI; conté 60 diapositives].

Josep Roca-Pons, *Introduction to Catalan Literature* (Bloomington, Indiana University Publications, 1977), 144 pàgs.; il.

Antoni Carbonell, Anton M. Espadaler, Jordi Llovet i Antònia Tayadella, *Literatura catalana dels inicis als nostres dies* (Barcelona, Edhasa, 1979)., 610 pàgs.

Antoni Comas, *Literatura Catalana*, dins José María Díaz Borque, *Historia de las literaturas hispánicas no castellanas* (Madrid, Taurus, 1980), 427-620.

Jaume Vidal Alcover, *Síntesi d'història de la literatura catalana*, 2 vols. (Barcelona, La Magrana, 1980), 552 pàgs.

Pere Verdaguer, *Histoire de la littérature catalane* (Barcelona, Barcino, 1981), 379 pàgs.

Joan Manuel Prado i Francesc Vallverdú [dirs.], *Història de la literatura catalana*, 3 vols. (Barcelona, Edicions 62/Orbis, 1985-1985-1984 [sic]), 320, 380 i 308 pàgs.; il. [I: Dels inicis al segle XIX. II: Segle XX: del Modernisme a la Guerra Civil. III: Segle XX: de la Guerra Civil als nostres dies].

Anton M. Espadaler, *Literatura catalana* (Madrid, Taurus, 1989), 256 pàgs. [N'hi ha versió catalana: *Història de la literatura catalana* (Barcelona, Barcanova, en premsa: 1993)].

1.2. *Les històries fonamentals:*

Jordi Rubió i Balaguer, *Història de la literatura catalana:*
I. [Dels orígens al segle XV] (Montserrat, Publicacions de l'Abadia, 1984), 491 pàgs.
II. [Segles XVI i XVII] (Montserrat, Publicacions de l'Abadia, 1985), 265 pàgs.
III. [Segles XVIII i començaments del XIX] (Montserrat, Publicacions de l'Abadia, 1986), 519 pàgs.

[Aquesta edició, dins la col·lecció «Obres de Jordi Rubió i Balaguer», I, III i V, és la versió catalana de la *Literatura catalana* publicada dins Guillem Díaz-Plaja [dir.], *Historia General de las Literaturas Hispánicas*, I (Barcelona, Vergara, 1949), 643-764; III (Barcelona, Vergara, 1953), 727-930; IV-primera part (Barcelona, Vergara, 1953), 493-597; i V (Barcelona, Vergara, 1958), 213-337, més la part corresponent al segle XIX, que havia romàs inèdita].

Martí de Riquer-Antoni Comas-Joaquim Molas, *Història de la literatura catalana*, 11 vols; il. (Barcelona, Ariel):
1. Martí de Riquer (1980), 525 pàgs. [Edat Mitjana; 2a. ed.].

2. Martí de Riquer (1980), 528 pàgs. [Edat Mitjana; 2a. ed.].
3. Martí de Riquer (1980), 551 pàgs. [Edat Mitjana; 2a. ed.].
4. Martí de Riquer (1980), 538 pàgs. [Edat Mitjana, Renaixement i Barroc; 2a. ed.].
5. Antoni Comas (1980), 506 pàgs. [Segle xviii; 2a. ed.].
6. Antoni Comas (1980), 543 pàgs. [Segle xviii; 2a. ed.].
7. Joaquim Molas [dir.], Enric Cassany, Xavier Fàbregas, Manuel Jorba i Antònia Tayadella (1986), 715 pàgs. [Segle xix].
8. Joaquim Molas [dir.], Jordi Castellanos, Xavier Fàbregas, Enric Gallén, Joan-Lluís Marfany i Josep Massot (1986), 639 pàgs. [Modernisme].
9. Joaquim Molas [dir.], Enric Bou, Manuel Carbonell, Enric Gallén, Marina Gustà, Josep Murgades i Enric Sullà (1987), 511 pàgs. [Segle xx].
10. Joaquim Molas [dir.], Carme Arnau, Enric Bou, Enric Gallén, Marina Gustà, Manuel Llanas, Albert Manent, Jaume Medina, Carles Miralles i Ramon Pinyol i Torrens (1987), 463 pàgs. [Segle xx].
11. Joaquim Molas [dir.], Carme Arnau, Enric Bou, Maria Campillo, Jordi Castellanos, Enric Gallén, Marina Gustà, Joan-Lluís Marfany, Jaume Medina i Teresa Rovira (1988), 663 pàgs. [Segle xx].

[En la seva primera edició, els quatre primers volums van ser publicats en tres volums (1964), i el cinquè i sisè en un sol volum (1972)].

1.3. *Històries del teatre:*

Francesc Curet, *Història del teatre català* (Barcelona, Aedos, 1967), 663 pàgs.; il.
Xavier Fàbregas, *Història del teatre català* (Barcelona, Millà, 1978); 366 pàgs.

2. DICCIONARIS:

Just Pastor Fuster, *Biblioteca valenciana de los escritores que florecieron hasta nuestros días*, 2 vols. (València, Josep Ximeno, 1827 i Ildefons Mompié, 1830), 356 i 548 pàgs. [I: autors fins al 1700; II: autors de 1701 a 1829. Edició facsímil: (València, Llibreries «París-Valencia», 1980)].

Fèlix Torres Amat, *Memorias para ayudar a formar un diccionario crítico de los escritores catalanes* (Barcelona, J. Verdaguer, 1836), 720 pàgs. [Edició facsímil: (Barcelona-Sueca, Curial, 1973)].

Joan Corminas, *Suplemento a las memorias para ayudar a formar un diccionario crítico de los escritores catalanes* (Burgos, Imprenta de Arnaiz, 1849), 371 pàgs. [Edició facsímil: (Barcelona-Sueca, Curial, 1973)].

Joaquim Maria Bover, *Biblioteca de escritores baleares*, 2 vols. (Palma de Mallorca, Impremta de P. J. Gelabert, 1868), 612 i 723 pàgs. [Edició facsímil: (Sueca-Barcelona, Curial, 1976)].

Constantí Llombart, *Los fills de la Morta-Viva. Apunts biobibliográfichs pera la historia del Renaiximent lliterari llemosí en Valencia* (València, Emili Pasqual, 1883), 783 pàgs. [Edició facsímil: (València, Edicions León Roca, 1973)].

Antoni Elias de Molins, *Diccionario biográfico y bibliográfico de escritores y artistas catalanes del siglo XIX*, 2 vols. (Barcelona, Impremta Fidel Giró, 1889-1895). [Edició facsímil: (Hildesheim-Nova York, Georg Olms, 1972)].

Joan Capeille, *Dictionnaire des Biographies Roussillonnaises* (Perpinyà, Comet, 1914), 724 pàgs. [Edició facsímil: (Marsella, Laffitte Reprints, 1978)].

Francesc Martí Grajales, *Ensayo de un diccionario biográfico y bibliográfico de los poetas que florecieron en el Reino de Valencia hasta el año 1700* (Madrid, Tipografia de la «Revista de Archivos, Bibliotecas y Museos», 1927), 489 pàgs. [Al final consta 1928].

Joaquim Molas i Josep Massot i Muntaner [dirs.], *Diccionari de la literatura catalana* (Barcelona, Edicions 62, 1979), 767 pàgs.

3. Antologies generals:

Antoni Comas, *Antologia de la literatura catalana* (Barcelona, Fundació Mediterrània/Vox, 1980), 568 pàgs. [Prosa i poesia].

3.1. *Antologies generals poètiques:*

Joan Triadú, *Anthology of Catalan Lyric Poetry* (Oxford, Dolphin Book, 1953), LXXX + 395 pàgs. [Textos originals i traducció anglesa].

Josep Maria Castellet i Joaquim Molas, *Ocho siglos de poesía catalana* (Madrid, Alianza Editorial, 1970), 548 pàgs. [Textos originals i traducció espanyola].

Josep Maria Castellet i Joaquim Molas, *Antologia general de la poesia catalana* (Barcelona, Edicions 62/«La Caixa», 1979), 150 pàgs. [Col. MOLC, 23].

4. L'època medieval:

4.1. *Estudis generals:*

Jordi Rubió i Balaguer, *De l'Edat Mitjana al Renaixement* (Barcelona, Aymà, 1948). [2a. ed.: (Barcelona, Teide, 1979), 154 pàgs. Reproduït a *Estudis de literatura catalana* (Montserrat, Publicacions de l'Abadia, 1992), 129-240; col. «Obres de Jordi Rubió i Balaguer», x.].

Antoni Ferrando Francés, *Els certàmens poètics valencians del segle XIV al XIX* (València, Institut de Literatura i Estudis Filològics/Institució Alfons el Magnànim, 1983), 1131 pàgs.

Lola Badia, *De Bernat Metge a Joan Roís de Corella. Estudis sobre la cultura literària de la tardor medieval catalana* (Barcelona, Quaderns Crema, 1988), 184 pàgs.

Albert G. Hauf, *D'Eiximenis a sor Isabel de Villena. Aportació a l'estudi de la nostra cultura medieval* (Montserrat, Publicacions de l'Abadia/Institut de Filologia Valenciana, 1990), 420 pàgs.

Jordi Parramon, *Repertori mètric de la poesia catalana medieval*. Vegeu IV.5.7.

4.2. Antologies generals:

Lola Badia, *Literatura catalana medieval. Selecció de textos* (Barcelona, Empúries, 1985), 299 pàgs.

4.2.1. Antologies poètiques:

Joan Lluís Marfany, *Poesia catalana medieval* (Barcelona, Edicions 62, 1966), 93 pàgs.

Joan Lluís Marfany, *Poesia catalana del segle XV* (Barcelona, Edicions 62, 1967), 103 pàgs.

Jan Schejbal, *Verše lásky a loučeni* (S. l., Odeon, [1976]), 136 pàgs. [Poetes catalans dels segles XIV i XV que escrivien en occità o en català. Traducció txeca].

Antologia dels poetes valencians. I. *Del segle XIV al XVIII*, a cura d'Eduard J. Verger (València, Diputació Provincial/Institució Alfons el Magnànim, 1983), 372 pàgs. [Col. BAV, 8].

4.2.2. Antologia teatral:

Teatre medieval i del Renaixement, a cura de Josep Massot i Muntaner (Barcelona, Edicions 52/«la Caixa», 1983), 217 pàgs. [Col. MOLC, 95].

4.3. Els trobadors catalans:

Martí de Riquer, *Los trovadores. Historia literaria y textos*, 3 vols. (Barcelona, Planeta, 1975), 1752 pàgs.

4.4. Ramon Llull:

Rudolf Brummer, *Bibliographia Lulliana. Ramon-Llull-Schriftum 1870-1973* (Hildesheim, Dr. H. A. Gerstenberg, 1976),

VII+104 pàgs. [N'hi ha versió catalana: *Bibliografia Lul·liana* (Palma de Mallorca, Miquel Font, 1991)].

Jordi Rubió i Balaguer, *Ramon Llull i el lul·lisme* (Montserrat, Publicacions de l'Abadia, 1985), 464 pàgs. [Col. «Obres de Jordi Rubió i Balaguer», II].

Marcel Salleras i Carolà, *Bibliografia lul·liana (1974-1984)*, dins *Lògica, ciència, mística i literatura en l'obra de Ramon Llull* [=«Randa», 19] (1986), pàgs. 153-198.

Armand Llinarès, *Raymond Lulle, philosophie de l'action* (París, Presses Universitaires de France, 1966). [Versió catalana: *Ramon Llull* (Barcelona, Edicions 62, 1968), 336 pàgs.; il.].

Lluís Sala-Molins, *La philosophie de l'amour chez Raymond Lulle* (París-l'Haia, Mouton, 1974).

Miguel Cruz Hernández, *El pensamiento de Ramón Llull* (Madrid, Fundación Juan March/Editorial Castalia, 1977), 452 pàgs.; il.

Frances A. Yates, *Assaigs sobre Ramon Llull* (Barcelona, Empúries, 1985), 223 pàgs.; il.

Anthony Bonner i Lola Badia, *Ramon Llull. Vida, pensament i obra literària* (Barcelona, Empúries, 1988), 190 pàgs. [N'hi ha versió espanyola: *Ramon Llull. Vida, pensamiento y obra literaria* (Barcelona, Sirmio, 1992).

Homage to Ramon Llull [=«Catalan Review», IV, 1-2 (juliol-desembre 1990)].

Lola Badia, *Teoria i pràctica de la literatura en Ramon Llull* (Barcelona, Quaderns Crema, 1991), 239 pàgs.

Robert D. F. Pring-Mill, *Estudis sobre Ramon Llull* (Barcelona, Curial/Publicacions de l'Abadia de Montserrat, 1991), 359 pàgs.; il.

Atti del Convegno Internazionale «Ramon Llull, il lullismo internazionale, l'Italia» [=«Annali. Sezione Romanza», XXXIV, 1 (Istituto Universitario Orientale. Nàpols 1992)], a cura de Giuseppe Grilli.

Des de 1957, la Maioricensis Schola Lullistica publica la revista «Studia Lulliana» —abans «Estudios Lulianos»—, vegeu l'apartat 6.22.

4.5. *Arnau de Vilanova:*

Emilio-José Rosel Sáez, *Fuentes bibliográficas para el estudio de Arnaldo de Villanova* [sic] (Saragossa, Universidad de Zaragoza, 1975), 40 pàgs.

Juan Antonio Paniagua, *Estudios y notas sobre Arnau de Vilanova* (Madrid, CSIC, 1963).

4.6. *Les grans cròniques:*

Josep Miquel Sobrer, *L'èpica de la realitat. L'escriptura de Ramon Muntaner i Bernat Desclot* (Barcelona, Departament de Filologia Catalana de la Universitat de Barcelona/Curial, 1978), 136 pàgs.

Jordi Rubió i Balaguer, *Història i historiografia* (Montserrat, Publicacions de l'Abadia, 1987), 455 pàgs. [Col. «Obres de Jordi Rubió i Balaguer», VI].

Miquel Coll i Alentorn, *Historiografia* (Barcelona, Curial/Publicacions de l'Abadia de Montserrat, 1991), 527 pàgs.; il. [Col. «Obres de Miquel Coll i Alentorn», I].

4.7. *La narrativa en vers i en prosa dels segles XIV i XV:*

Albert G. Hauf, *D'Eiximenis a sor Isabel de Villena. Aportació a l'estudi de la nostra cultura medieval.* Vegeu l'apartat 4.1.

4.7.1. Francesc Eiximenis:

David J. Viera, *Bibliografia anotada de la vida i l'obra de Francesc Eiximenis (1340?-1409?)* (Barcelona, Fundació Salvador Vives Casajuana, 1980), 134 pàgs.

David J. Viera i Jordi Piqué, *La dona en Francesc Eiximenis* (Barcelona, Curial, 1987), 186 pàgs.

Andreu Ivars, *El escritor Fr. Francisco Eiximénez en Valencia (1383-1408),* edició coordinada per Pere Santonja (Benissa, Ajuntament, 1989), 239 pàgs.

Emili Grahit, Jaume Massó i Torrents, fr. Atanasio López, Josep Sanchis Sivera, P. Oriol de Barcelona, Jacques Monfrin i David J. Viera, *Studia bibliographica* (Barcelona, Col·legi Universitari de Girona/Diputació de Girona, 1991). [Col. «Estudis sobre Francesc Eiximenis», 1].

4.8. *La poesia dels segles XIV i XV:*

Amadeu Pagès, *Auzias March et ses prédécesseurs: Essai sur la poésie amoureuse et philosophique des troubadours en Catalogne aux XIVe et XVe siècles* (Macon, Protant, 1912). [Edició facsímil: (Ginebra, Slatkine, 1974). Versió catalana: *Ausiàs March i els seus predecessors* (València, Institució Valenciana d'Estudis i Investigació, 1990), 428 pàgs.].

4.8.1. Ausiàs March:

Amadeu Pagès, *Commentaire des poésies d'Auzias March* (París, Champion, 1925), XVI+163 pàgs.

Robert Archer, *The Pervasive Image: The Role of Analogy in the Poetry of Ausiàs March* (Amsterdam-Philadelphia, John Benjamins, 1985).

Lluïsa Esteve i Laura Ripoll, *Assaig de bibliografia ausiasmarquiana*, «Llengua & Literatura», 2 (1987), 453-484.

Josep Miquel Sobrer, *La doble soledat d'Ausiàs March* (Barcelona, Quaderns Crema, 1987), 117 pàgs.

Ausiàs March, *Cinquanta-vuit poemes*, a cura de Robert Archer (Barcelona, Edicions 62, 1989), 288 pàgs.

Joan Ferraté, *Llegir Ausiàs March* (Barcelona, Quaderns Crema, 1992).

4.9. *La novel·la cavalleresca:*

4.9.1. Curial e Güelfa:

Anton Espadaler, *Una reina per a Curial* (Barcelona, Quaderns Crema, 1984), 255 pàgs.

4.9.2. Tirant lo Blanc:

Mario Vargas Llosa, *Lletra de batalla per «Tirant lo Blanc»* (Barcelona, Edicions 62, 1969), 88 pàgs.

Martí de Riquer, *Aproximació al «Tirant lo Blanc»* (Barcelona, Quaderns Crema, 1990), 319 pàgs.

Martí de Riquer, *«Tirant lo Blanc», novela de historia y de ficción* (Barcelona, Sirmio, 1992).

4.10. *El teatre medieval:*

Henri Mérimée, *L'art dramatique à Valencia depuis les origines jusqu'au commencement du XVIIe siècle* (Tolosa de Llenguadoc-París, Privat/Picard, 1913), 734 pàgs. [Edició facsímil: (València, Llibreries «París-València», 1985). Versió espanyola: *El arte dramático en Valencia. Desde los orígenes hasta principios del siglo XVII*, 2 vols. (València, Institució Alfons el Magnànim/Institució Valenciana d'Estudis i Investigació, 1985)].

Jesús Francesc Massip, *Teatre religiós medieval als Països Catalans* (Barcelona, Institut del Teatre/Edicions 62, 1984), 185 pàgs.

Francesc Massip i Bonet, *La Festa d'Elx i els misteris medievals europeus* (Alacant, Diputació d'Alacant/Ajuntament d'Elx, 1991).

5. L'ÈPOCA MODERNA:

5.1. *Històries i estudis:*

Henri Mérimée, *L'art dramatique à Valencia depuis les origines jusqu'au commencement du XVIIe siècle.* Vegeu 4.10.

Josep Sebastià Pons, *La littérature catalane en Roussillon au XVIIe et au XVIIIe siècle* (Tolosa de Llenguadoc-París, Privat/Didier, 1929), 397 pàgs.

Miquel Batllori, *Vuit segles de cultura catalana a Europa*

(Barcelona, Selecta, 1959), 319 pàgs. [2a. ed., augmentada; 1a. ed.: 1958].

Jordi Rubió i Balaguer, *La cultura catalana del Renaixement a la Decadència* (Barcelona, Edicions 62, 1964), 174 pàgs. [Reproduït a *Humanisme i Renaixement* (Montserrat, Publicacions de l'Abadia, 1990), 23-160; col. «Obres de Jordi Rubió i Balaguer», VIII].

Miquel Batllori, *Catalunya a l'Època Moderna. Recerques d'història cultural i religiosa* (Barcelona, Edicions 62, 1971), 511 pàgs.; il.

Joan Fuster, *La Decadència al País Valencià* (Barcelona, Curial, 1976), 204 pàgs.

Miquel Batllori, *A través de la història i la cultura* (Montserrat, Publicacions de l'Abadia, 1979), 440 pàgs.

Miquel Batllori, *Orientacions i recerques. Segles XII-XX* (Montserrat, Curial/Publicacions de l'Abadia, 1983, 263 pàgs.

Antoni Ferrando Francés, *Els certàmens poètics valencians del segle XIV al XIX*. Vegeu l'apartat 4.1.

Antoni Comas, *Estudis de literatura catalana (Segles XVI-XVIII)*, a cura d'A. Bover i Font i Montserrat de Ciurana i Torrella (Barcelona, Departament de Filologia Catalana de la Universitat de Barcelona/Curial, 1985), 246 pàgs.

Antoni Comas, *La Decadència* (Sant Cugat del Vallès, La Llar del Llibre/Els Llibres de la Frontera, 1986), 108 pàgs.; il. [2a. ed., corregida; 1a.: 1978].

Josep Romeu i Figueras, *Poesia en el context cultural del segle XVI al XVIII*, 2 vols. (Barcelona, Curial, 1991), 299 i 286 pàgs.

5.1.1. Antologies:

Teatre medieval i del Renaixement, a cura de Josep Massot i Muntaner. Vegeu l'apartat 4.2.2.

Antologia dels poetes valencians. I. Del segle XIV al XVIII. Vegeu l'apartat 4.2.1.

Teatre del Renaixement i de la Decadència, a cura d'Enric

Iborra (València, Edicions Alfons el Magnànim/Institució Valenciana d'Estudis i Investigació, 1987), 301 pàgs. [Col. BAV, 13].

5.2. L'època del Renaixement:

Philippe Berger, *Libro y lectura en la Valencia del Renacimiento*, 2 vols. (València, Edicions Alfons el Magnànim/Institució Valenciana d'Estudis i Investigació, 1987), 589 pàgs.

Joan Fuster, *Llibres i problemes del Renaixement* (Montserrat, Publicacions de l'Abadia/Institut de Filologia Valenciana, 1989), 155 pàgs.

5.3. El Barroc:

El barroc català. Actes de les jornades celebrades a Girona els dies 17, 18 i 19 de desembre de 1987, a cura d'Albert Rossich i August Rafanell (Barcelona, Quaderns Crema, 1989), 655 pàgs.; il.

5.3.1. Francesc Vicent Garcia:

Ramon Corbella, *El Rector de Vallfogona i els seus escrits* (Barcelona, Josep Martí Morera, 1976), 253 pàgs. [5a. ed., corregida i augmentada; 1a. ed.: 1889].

Albert Rossich, *Francesc Vicent Garcia: Tres segles i mig de referències escrites*, «Arxiu de Textos Catalans Antics», 3 (1984), pàgs. 259-276. [Bibliografia fins a 1983].

Albert Rossich, *Francesc Vicent Garcia. Història i mite del Rector de Vallfogona* (Barcelona, Edicions 62, 1987), 197 pàgs.

5.4. La Il·lustració. El Neoclassicisme:

Alexandre Galí, *Rafael d'Amat i de Cortada, baró de Maldà. L'escriptor. L'ambient* (Barcelona, Aedos, 1954), 318 pàgs.; il.

Emili Giralt, *Ideari d'Antoni Capmany* (Barcelona, Edicions 62, 1965), 96 pàgs.

Enric Moreu-Rey, *El pensament il·lustrat a Catalunya* (Barcelona, Edicions 62, 1966), 128 pàgs.

Vicent Peset, *Gregori Mayans i la cultura de la Il·lustració* (Barcelona, Curial, 1975), 522 pàgs.; il.

Jordi Rubió i Balaguer, *Il·lustració i Renaixença* (Montserrat, Publicacions de l'Abadia, 1989), 306 pàgs. [Col. «Obres de Jordi Rubió i Balaguer», VII].

Antoni Febrer i Cardona i la cultura de la Il·lustració [= «Randa», 31 (1992)]. [Actes de les «Jornades Antoni Febrer i Cardona i la cultura de la Il·lustració», celebrades a Ciutadella-Maó, de l'11 al 13 de setembre de 1991, amb motiu del 150è. aniversari de la mort d'aquest autor, a cura de Maria Paredes i Baulida i Josefina Salord Ripoll].

5.5. *La literatura popular pre-industrial:*

Manuel Milà i Fontanals, *Romancerillo catalán* (Barcelona, Llibreria Àlvar Verdaguer, 1882).

Josep Romeu i Figueras, *Poesia popular i literatura* (Barcelona, Curial, 1974), 272 pàgs.

Antoni Serrà-Campins, *El teatre burlesc mallorquí, 1701-1850* (Barcelona, Curial/Publicacions de l'Abadia de Montserrat, 1987), 248 pàgs.

6. L'ÈPOCA CONTEMPORÀNIA:

6.1. *Històries i estudis:*

Josep Maria Llompart, *La literatura moderna a les Balears* (Palma de Mallorca, Moll, 1964), 236 pàgs.; il. [De la Renaixença als anys 50 del nostre segle].

Joan Teixidor, *Cinc poetes* (Barcelona, Destino, 1969), 144 pàgs. [Amb estudis sobre J. Maragall, «Guerau de Liost», J. Salvat-Papasseit, C. Riba i S. Espriu].

Joan Fuster, *Literatura catalana contemporània* (Barcelona, Curial, 1972), 511 pàgs. [Del Modernisme al 1971. Aquesta primera edició conté una excel·lent bibliografia, a cura de Ramon Pla i Arxé, que desgraciadament va ser suprimida en reeditar-se aquest llibre en la col·lecció «Biblioteca de Cultura Catalana», 23. N'hi ha versió espanyola: *Literatura catalana contemporánea* (Madrid, Editora Nacional, 1975), 447 pàgs.].

Maurici Serrahima, *Dotze mestres* (Barcelona, Destino, 1972), 370 pàgs. [Amb estudis sobre J. Verdaguer, N. Oller, M. Vayreda, R. Casellas, J. Ruyra, J. Maragall, P. Bertrana, «V. Català», J. Carner, «Gaziel», C. Riba i J. M. de Sagarra].

Giuseppe Grilli, *La letteratura catalana. La diversità culturale nella Spagna moderna* (Nàpols, Guida, 1979), 217 pàgs. [N'hi ha versió catalana: *Indagacions sobre la modernitat de la literatura catalana. Continuïtat i alteritat de la tradició literària* (Barcelona, Edicions 62, 1983)].

Johannes Hösle, *Die katalanische Literatur von der Renaixença bis zur Gegenwart* (Tübingen, Max Niemeyer, 1982).

Arthur Terry, *Sobre poesia catalana contemporània: Riba, Foix, Espriu* (Barcelona, Edicions 62, 1985), 176 pàgs.

6.2. *Renaixença i Romanticisme:*

Francisco M. Tubino, *Historia del Renacimiento literario contemporáneo en Cataluña, Baleares y Valencia* (Madrid, Imprenta y Fundición de M. Tello, 1880), 276 pàgs.; il.

Miquel dels Sants Oliver, *La literatura en Mallorca* (Montserrat, Publicacions de l'Abadia/Departament de Filologia Catalana i Lingüística General de la UIB, 1988), 238 pàgs.

Joan Amade, *Origines et premières manifestations de la Renaissance littéraire en Catalogne au XIX siècle* (Tolosa de Llenguadoc-París, Privat/Didier, 1924), 565 pàgs.

Enric Jardí, *Antoni Puigblanch. Els precedents de la Renaixença* (Barcelona, Aedos, 1960), 366 pàgs.; il.

Artur Bladé i Desumvila, *Felibres i catalans* (Barcelona, Dalmau, 1964), 50 pàgs.

Miquel Arimany, *Per un nou concepte de Renaixença* (Barcelona, Dalmau, 1965), 52 pàgs.

Rafael Tasis, *La Renaixença catalana* (Barcelona, Bruguera, 1967), 111 pàgs.

Josep Melià, *La Renaixença a Mallorca* (Palma de Mallorca, Daedalus, 1968), 192 pàgs.

Manuel Sanchis Guarner, *La Renaixença al País Valencià. Estudi per generacions* (València, Tres i Quatre, 1968), 158 pàgs.

Xavier Fàbregas, *Les formes de diversió en la societat catalana romàntica* (Barcelona, Curial, 1975), 308 pàgs.

Vicent Simbor Roig, *Els orígens de la Renaixença valenciana* (València, Institut de Filologia Valenciana, 1980), 210 pàgs.

Commemoració de la Renaixença. En ocasió del 150è. aniversari de l'oda «La pàtria», d'Aribau (1833) (Barcelona, Fundació Jaume I, 1982), 118 pàgs.; il. [Amb treballs de J. M. Ainaud de Lasarte, M. Coll i Alentorn, J. Fuster i A. J. Soberanas].

Manuel Lloris i Valdés, *Constantí Llombart* (València, Institució Alfons el Magnànim, 1982), 77 pàgs.

Oriol Pi de Cabanyes, *Apunts d'història de la Renaixença* (Sant Boi de Llobregat, Edicions del Mall, 1984), 246 pàgs.

Manuel Jorba, *Manuel Milà i Fontanals en la seva època. Trajectòria ideològica i professional* (Barcelona, Curial, 1984), 431 pàgs.

Ramon Aramon i Serra, *Frederic Mistral i la Renaixença catalana* (Barcelona, Dalmau, 1985), 55 pàgs.

La Renaixença (Montserrat, Publicacions de l'Abadia, 1986), 142 pàgs. [Cicle de conferències, curs 1982/83, amb la participació de S. Alcolea, J. Alegret, R. Alier, X. Fàbregas, M. Jorba, J. Roura i Roca, A. Tayadella, M. Tomàs i R. Torrents].

Antoni Lluc Ferrer, *La patrie imaginaire. La projection de «La pàtria» de B. C. Aribau (1832) dans la mentalité catalane contemporaine, 2 vols.* (Ais de Provença, Université d'Aix-en-Provence, 1987), 907 pàgs.

Manuel Jorba, *L'obra crítica i erudita de Manuel Milà i Fontanals* (Montserrat, Curial/Publicacions de l'Abadia, 1989), 330 pàgs.

Jordi Rubió i Balaguer, *Il·lustració i Renaixença*. Vegeu l'apartat 5.4.

Manuel Jorba, *Manuel Milà i Fontanals, crític literari* (Montserrat, Curial/Publicacions de l'Abadia, 1991), 196 pàgs.

Actes del Col·loqui Internacional sobre la Renaixença, I (Barcelona, Curial, 1992). [N'hi ha dos volums més en premsa. El col·loqui va celebrar-se del 18 al 22 de desembre de 1984].

6.2.a.   Antologies:

La Renaixença. Fonts per al seu estudi 1815-1877, selecció a cura de Joaquim Molas, Manuel Jorba i Antònia Tayadella (Barcelona, Departament de Literatura Catalana de la Universitat de Barcelona i Departament de Filologia Hispànica de la Universitat Autònoma de Barcelona, 1984), 415 pàgs. [Edició facsímil d'un recull dels textos bàsics de la Renaixença].

6.2.1.   La poesia:

Josep Miracle, *La Restauració dels Jocs Florals* (Barcelona, Aymà, 1960), 352 pàgs.; il.

Lluís Guarner, *Poesía y verdad de Vicente Wenceslao Querol* (València, Diputació de València, 1976), 356 pàgs.

Lluís Guarner, *La Renaixença valenciana i Teodor Llorente* (Barcelona, Edicions 62, 1985), 144 pàgs.

6.2.1.a.   Antologies:

Josep M. Miquel i Vergés, *Els primers romàntics dels països de llengua catalana* (Mèxic, Biblioteca Catalana, 1944), 214 pàgs. [Edició facsímil: (Barcelona, Leteradura, 1979)].

Els poetes romàntics de Mallorca, a cura de Manuel Sanchis Guarner (Palma de Mallorca, Moll, 1950), 287 pàgs.

Joaquim Molas, *Poesia catalana romàntica* (Barcelona, Edicions 62, 1965), 128 pàgs.

Joaquim Molas, *Poesia catalana de la Restauració* (Barcelona, Edicions 62, 1966), 112 pàgs.

Octavi Saltor, *Antologia dels Jocs Florals* (Barcelona, Selecta, 1954), 261 pàgs.

6.2.1.1. Jacint Verdaguer:

Jacint Verdaguer (1877-1977) En el centenari de «L'Atlàntida» (Barcelona, Barcino, 1977), 112 pàgs.; il. [Nadala de la Fundació Carulla-Font; amb treballs de J. M. Ainaud de Lasarte, J. Miracle, J. M. Solà i Camps i J. Torrent i Fàbregues].

Maria Condeminas, *La gènesi de «L'Atlàntida»* (Barcelona, Departament de Filologia Catalana UB/Curial, 1978), 130 pàgs.

Josep M. de Casacuberta, *Estudis sobre Verdaguer* (Vic-Barcelona, Eumo/Barcino/IEC, 1986), 283 pàgs.

Isidor Cònsul, *Jacint Verdaguer, història, crítica i poesia* (Sant Boi de Llobregat, Edicions del Mall, 1986), 178 pàgs.

Des de 1986 es publica l'*Anuari Verdaguer* (Vic, Eumo/Ajuntament de Barcelona), amb seccions d'estudis, edicions de textos, ressenyes, bibliografia i crònica; l'anuari recull les actes dels col·loquis sobre l'obra verdagueriana que se celebren a Vic periòdicament; vegeu l'apartat 6.22.

6.2.1.2. La crisi del Romanticisme:

Manuel de Montoliu, *José Yxart, el gran crítico del renacimiento literario catalán* (Tarragona, Instituto de Estudios Tarraconenses, 1956), 226 pàgs.

Roser Matheu, *Vida i obra de Francesc Matheu* (Barcelona, Fundació Salvador Vives Casajoana, 1971), 254 pàgs.

Apel·les Mestres (1854-1936). En el cinquantenari de la seva mort 1936-1986 (Barcelona, Fundació Jaume I, 1985), 111 pàgs. [Nadala d'aquesta Fundació, amb treballs de J. M. Ainaud de Lasarte, X. Aviñoa, F. Fontbona i J. Molas].

Apel·les Mestres (Fundació Caixa de Barcelona, 1986), 98 pàgs.; il. [Catàleg de l'exposició organitzada per aquesta Fundació].

6.2.2. La narrativa:

6.2.2.1. El costumisme:

Enric Cassany, *El costumisme en la prosa catalana del segle XIX* (Barcelona, Curial, 1992), 394 pàgs.

6.2.2.1.a. Antologies:

Prosa costumista balear, a cura de Guillem Simó (Palma de Mallorca, Institut d'Estudis Baleàrics, 1982), 109 pàgs.
Quadres de costums urbans del vuit-cents, a cura d'Enric Cassany (Barcelona, Edicions 62, 1987), 188 pàgs.

6.2.2.2. Els orígens de la novel·la:

Maria Mercè Miró, *La prosa narrativa de Martí Genís i Aguilar* (Vic, Patronat d'Estudis Ausonencs, 1978), 180 pàgs.

6.2.2.3. Narcís Oller i el Naturalisme:

Joan Triadú, *Narcís Oller. Resum biogràfic* (Barcelona, Barcino, 1955), 68 pàgs.
Narcís Oller, *Memòries literàries. Història dels meus llibres* (Barcelona, Aedos, 1962), LI+435 pàgs.; il.
«Faig», 19 (desembre 1982). [Conté una completa bibliografia sobre Oller].

6.2.3. El teatre:

Francesc Curet, *El arte dramático en el resurgir de Cataluña* (Barcelona, Minerva, s. a.), 435 pàgs.

6.2.3.1. Frederic Soler i el teatre del seu temps:

Josep M. Poblet, *Frederic Soler, Serafí Pitarra* (Barcelona, Aedos, 1967), 394 pàgs.; il.

Xavier Fàbregas, *Teatre català d'agitació política* (Barcelona, Edicions 62, 1969), 317 pàgs.

Manuel Sanchis Guarner, *Els inicis del teatre valencià modern 1845-1874* (València, Institut de Filologia Valenciana, 1980), 200 pàgs.

Joan Mas i Vives, *El teatre a Mallorca a l'època romàntica* (Montserrat, Curial/Publicacions de l'Abadia, 1986), 356 pàgs.

6.2.3.2. Àngel Guimerà i el teatre del seu temps:

Josep Miracle, *Guimerà* (Barcelona, Aedos, 1958), 527 pàgs.; il·l.

Xavier Fàbregas, *Àngel Guimerà, les dimensions d'un mite* (Barcelona, Edicions 62, 1971), 272 pàgs.

Àngel Guimerà en els seus millors escrits (Barcelona, Arimany, 1974), 133 pàgs.

Presència d'Àngel Guimerà, «Serra d'Or» (setembre 1974), pàgs. 20-39. [Dossier amb treballs de R. Alier, J. M. Benet i Jornet, J. Brossa, X. Fàbregas, P. Gimferrer, J. L. Marfany, J. Miracle, I. Molas i M. Porter].

Àngel Guimerà (1845-1924). En el cinquantè aniversari de la seva mort (Barcelona, Barcino, 1974), 134 pàgs. [Nadala de la Fundació Carulla-Font; amb treballs de J. M. Ainaud de Lasarte, M. Coll i Alentorn, X. Fàbregas, F. de Pol, R. Salvat i J. Schejbal].

Josep Miracle, *Àngel Guimerà, creador i apòstol* (Montserrat, Publicacions de l'Abadia, 1990), 272 pàgs.

6.3. *El Modernisme:*

El Modernisme: un entusiasme, dins «Serra d'Or» (desembre 1970), pàgs. 869-909. [Amb articles de P. Bohigas, J. Castellanos, A. Cirici, X. Fàbregas, J. Fuster, J. L. Marfany, J. Molas i J. Romeu].

Eduard Valentí Fiol, *El primer modernismo literario catalán y sus fundamentos ideológicos* (Esplugues de Llobregat, Ariel, 1973), 357 pàgs.

Joan Lluís Marfany, *Aspectes del Modernisme* (Barcelona, Curial, 1975), 272 pàgs.

El temps del Modernisme (Montserrat, Publicacions de l'Abadia, 1985), 289 pàgs. [Cicle de conferències, curs 1979/80, amb la participació de R. Alier, A. M. Badia i Margarit, J. Benet, P. Bohigas, A. Cirici i Pellicer, M. A. Capmany, P. Comes, X. Fàbregas, F. Fontbona, J. M. Garrut, E. Jardí, J. M. Llompart, J. Maragall, F. Miralles, R. Pla, M. Porter-Moix, B. de Riquer i J. Triadú].

Actes del Col·loqui Internacional sobre el Modernisme (Montserrat, Publicacions de l'Abadia, 1988), 212 pàgs. [El col·loqui va celebrar-se a Barcelona, del 16 al 18 de desembre de 1982].

6.3.a. Antologia:

Jordi Castellanos, *El Modernisme: selecció de textos* (Barcelona, Empúries, 1988), 368 pàgs.

6.3.1. La poesia:

Maria Àngela Cerdà i Surroca, *Els pre-rafaelites a Catalunya. Una literatura i uns símbols* (Barcelona, Curial, 1981), 480 pàgs.

6.3.1.1. Joan Maragall:

Arthur Terry, *La poesia de Joan Maragall* (Barcelona, Barcino, 1963), 226 pàgs.

Osvald Cardona, *Art poètica de Maragall* (Barcelona, Selecta, 1970), 204 pàgs.

Maurici Serrahima, *Vida i obra de Joan Maragall* (Barcelona, Laia, 1981), 136 pàgs. [2a. ed.].

Eugenio Trias, *El pensament de Joan Maragall* (Barcelona, Fundació Banco Urquijo/Edicions 62, 1982), 160 pàgs.

Giuseppe Grilli, *El mite laic de Joan Maragall. El Comte Arnau en la cultura urbana de principis de segle* (Barcelona, La Magrana, 1987), 192 pàgs.

6.3.2. La narrativa:

Alan Yates, *Una generació sense novel·la? La novel·la catalana entre 1900 i 1925* (Barcelona, Edicions 62, 1975), 267 pàgs.

6.3.2.1. Raimon Casellas:

Jordi Castellanos, *Raimon Casellas i el Modernisme*, 2 vols. (Barcelona, Curial/Publicacions de l'Abadia de Montserrat, 1983), 383 i 395 pàgs.

6.3.2.2. Joaquim Ruyra:

Osvald Cardona, *Joaquim Ruyra. Resum biogràfic* (Barcelona, Barcino, 1966), 106 pàgs.

Maria Lluïsa Julià, *Joaquim Ruyra, narrador* (Montserrat, Publicacions de l'Abadia, 1992), 350 pàgs.

6.3.2.3. Prudenci Bertrana:

Aurora Bertrana, Osvald Cardona i Josep Iglésies, *En el centenari de Prudenci Bertrana* (Barcelona, Dalmau, 1968), 80 pàgs.

Prudenci Bertrana i la seva època (Girona, Generalitat de Catalunya/Diputació de Girona/Ajuntament de Girona/Fundació Caixa de Barcelona, 1989). [Diversos autors; catàleg d'exposició].

6.3.2.4. Caterina Albert «Víctor Català»:

En el centenari de la seva naixença, dossier dins «Serra d'Or» (novembre 1969), pàgs. 643-651. [Amb articles de J. Triadú, J. Vidal Alcover i A. Yates].

Josep Miracle, *Caterina Albert i Paradís «Víctor Català»* (Barcelona, Dopesa, 1978), 234 pàgs.

6.3.3. El teatre:

Prudenci Bertrana, *El Rusiñol que jo he tractat* (Barcelona, Publicacions de la Institució del Teatre, 1937).

Adrià Gual, *Mitja vida de teatre. Memòries d'...* (Barcelona, Aedos, 1960), 360 pàgs.; il.

Hermann Bonnín, *Adrià Gual i l'Escola Catalana d'Art Dramàtic (1913-1925)* (Barcelona, Dalmau, 1974), 74 pàgs.

6.4. *L'Escola Mallorquina:*

6.4.1. Miquel Costa i Llobera:

Miquel Batllori, *La trajectòria estètica de Miquel Costa i Llobera* (Barcelona, Barcino, 1955), 64 pàgs.

Bartomeu Torres Gost, *Miquel Costa i Llobera (1854-1922). Itinerario espiritual de un poeta* (Barcelona, Balmes, 1971), VIII+659 pàgs.

6.4.2. Joan Alcover:

Antoni Comas, *Joan Alcover. Aproximació a l'home, al seu procés i a la seva obra* (Barcelona, Dopesa, 1973), 190 pàgs.

Joan Alcover en els seus millors escrits (Barcelona, Arimany, 1976), 104 pàgs. [Amb estudis de M. Arimany, À. Broch i J. Vidal Alcover].

6.5. *El Noucentisme:*

Enric Jardí, *El Noucentisme* (Barcelona, Proa, 1980), 230 pàgs.

Josep Murgades, *Assaig de revisió del Noucentisme*, «Els Marges», 7 (juny 1976), pàgs. 35-53.

El Noucentisme, a cura de Jaume Aulet (Montserrat, Publicacions de l'Abadia, 1987), 217 pàgs. [Cicle de conferències, curs 1984/85, amb la participació de J. Benet, E. Bou, J. M. Cadena, J. Casassas i Ymbert, J. Castellanos, N. Comadira, M. Freixa, J. M. Llompart, A. Manent, J. Medina, J. Murgades, B. de Riquer, J. Solà i I. Solà-Morales].

6.5.a. Antologia:

El Noucentisme (*Selecció de textos literaris i crítics*), a cura de Fina Figuerola, Rosa Planella i Àlex Susanna (Barcelona, Columna, 1985), 159 pàgs.

6.5.1. Eugeni d'Ors:

Enric Jardí, *Eugeni d'Ors. Vida i obra* (Barcelona, Sociedad de Estudios y Publicaciones/Aymà, 1967), 284 pàgs.
Norbert Bilbeny, *Eugeni d'Ors i la ideologia del Noucentisme* (Barcelona, La Magrana, 1988).

6.5.2. La poesia:

6.5.2.1. Jaume Bofill i Mates «Guerau de Liost»:

Albert Manent, *Jaume Bofill i Mates «Guerau de Liost». L'home, el poeta, el polític* (Barcelona, Edicions 62, 1979), 220 pàgs.
Jordi Casassas i Ymbert, *Jaume Bofill i Mates (1878-1933). L'adscripció social i l'evolució política* (Barcelona, Curial, 1980), 415 pàgs.
Enric Bou, *La poesia de Guerau de Liost. Natura, Amor, Humor* (Barcelona, Edicions 62, 1985), 256 pàgs.

6.5.2.2. Josep Carner:

L'obra de Josep Carner (Barcelona, Selecta, 1959), 252 pàgs. [Volum d'homenatge amb la participació de 72 autors].
Albert Manent, *Josep Carner i el Noucentisme. Vida, obra i llegenda* (Barcelona, Edicions 62, 1969), 367 pàgs.
Loreto Busquets, *Aportació lèxica de Josep Carner a la llengua literària catalana* (Barcelona, Fundació Vives Casajuana, 1977), 592 pàgs.
Enric Bou, Jordi Castellanos, Salvador Oliva, Dolors Oller i Modest Prats, *Josep Carner: llengua, prosa, poesia* (Barcelona, Empúries, 1985), 135 pàgs.
«Reduccions», 29-30 (febrer-juny 1986).

Jaume Aulet, *Josep Carner i els orígens del Noucentisme* (Montserrat, Curial/Publicacions de l'Abadia, 1992), 376 pàgs.

6.5.3. La narrativa:

Alan Yates, *Una generació sense novel·la? La novel·la catalana entre 1900 i 1925*. Vegeu l'apartat 6.3.2.

6.6. *La poesia de tradició simbolista:*

Enric Bou, *La revolució simbolista a Catalunya* (Barcelona, Empúries, 1989), 242 pàgs.

6.6.1. Josep Sebastià Pons:

Christian Camps, *Deux écrivains catalans. Jean Amade (1878-1949). Joseph-Sébastien Pons (1886-1962)*, 2 vols. (Castelnau-le-Lez, Les Amis de J. S. Pons-Occitania, 1986), 912 pàgs.; il.
Miquela i Joan Lluís Valls, *L'univers de Josep Sebastià Pons* (1886-1986) (Perpinyà, 1986), 68 pàgs.; il. [Catàleg de l'exposició del centenari].
Actes du Colloque International Josep Sebastià Pons, a cura de Christian Camps i Jean-Marie Petit (s. l., Centre d'Études Occitanes/Association des Amis de J. S. Pons, 1987), 210 pàgs. [Actes del col·loqui celebrat a Montpeller els dies 14 i 15 de novembre de 1986].
L'univers de Josep Sebastià Pons [=«Terra Nostra», 61-62 (1987)].

6.6.2. Marià Manent:

Homenatge a Marià Manent, «Reduccions», 37 (març 1988), pàgs. 24-104. [Amb una bona bibliografia i col·laboracions de M. Desclot, J. Muñoz Miralles, J. Paré i À. Susanna].
Marià Manent. 90è. aniversari, «L'Avenç», 120 (desembre 1988), pàgs. 25-45. [Amb col·laboracions d'À. Crespo, M. D. Folch, J. Palau i Fabre, Perejaume, P. Ribot, J. Sala-Sanahuja i A. Tàpies].

6.7. *Carles Riba:*

Joan Triadú, *La poesia segons Carles Riba* (Barcelona, Barcino, 1954), 68 pàgs.

Joan Ferraté, *Carles Riba, avui* (Barcelona, Alpha, 1955), 140 pàgs.

Gabriel Ferrater, *La poesia de Carles Riba. Cinc conferències* (Barcelona, Edicions 62, 1983), 135 pàgs. [A cura de Joan Ferraté. 2a. ed., augmentada; 1a.: 1979].

Actes del Simposi Carles Riba, a cura de Jaume Medina i d'Enric Sullà (Montserrat-Barcelona, Publicacions de l'Abadia/IEC, 1986), 295 pàgs.

Jaume Medina, *Carles Riba (1893-1959)*, 2 vols. (Montserrat, Publicacions de l'Abadia, 1989), 422 i 388 pàgs.

6.8. *L'avantguarda:*

Guillem Díaz-Plaja, *L'Avantguardisme a Catalunya i altres notes de crítica* (Barcelona, La Revista, 1932).

Les avantguardes a Catalunya (1914-1936), dins «L'Avenç», 19 (setembre 1979), pàgs. 17-48. [Amb articles d'A. Marí, J. Molas, D. Oller, A. Puig, X. Sust i J. Vallcorba].

Joaquim Molas, *La literatura catalana d'avantguarda 1916-1938* (Barcelona, Antoni Bosch, 1983), 465 pàgs. [Estudi i antologia].

Daniel Giralt-Miracle [dir.], *Avantguardes a Catalunya 1906-1939. Protagonistes. Tendències. Esdeveniments* (Barcelona, Olimpíada Cultural/Fundació Caixa de Catalunya, 1992), 709 pàgs.; il. [Catàleg de l'exposició organitzada per aquestes entitats].

6.8.a. Antologia:

Carme Arenas i Núria Cabré, *Les avantguardes a Europa i a Catalunya* (Barcelona, La Magrana, 1990).

6.8.1. Joan Salvat-Papasseit:

Tomàs Garcés, *Sobre Salvat-Papasseit i altres escrits* (Barcelona, Selecta, 1972), 216 pàgs.

6.9. *J. V. Foix:*

Pere Gimferrer, *La poesia de J. V. Foix* (Barcelona, Edicions 62, 1974), 200 pàgs.
Homage to J. V. Foix [=«Catalan Review», I, 1] (juny 1986).
Gabriel Ferrater, *Foix i el seu temps* (Barcelona, Quaderns Crema, 1987), 117 pàgs.
Vinyet Panyella, *J. V. Foix: 1918 i la idea catalana* (Barcelona, Edicions 62, 1989), 135 pàgs.

6.10. *La narrativa i el teatre fins a la guerra:*

Jordi Pinell, *Francesc Trabal i les seves novel·les* (Roma, Dipartimento di Studi Romanzi-Università degli Studi «La Sapienza», 1983), 92 pàgs. [Col. «Quaderni per attività seminariale», 1].
Ricard Blasco, *El teatre al País Valencià durant la Guerra Civil (1936-1939)*, 2 vols. (Barcelona, Curial, 1986), 300 i 236 pàgs.
Carme Arnau, *Marginats i integrats en la novel·la catalana (1925-1938). Introducció a la novel·lística de Llor, Arbó, Soldevila i Trabal* (Barcelona, Edicions 62, 1987), 160 pàgs.

6.11. *Josep Maria de Sagarra:*

Lluís Permanyer, *Sagarra, vist pels seus íntims* (Barcelona, Edhasa, 1982), 390 pàgs.
Josep M. de Sagarra en els seus millors escrits (Barcelona, Arimany, 1986).
Memòria de Josep M. de Sagarra, dins «L'Avenç», 114 (abril

1988), pàgs. 21-43. [Dossier amb col·laboracions de R. Barnils, J.-A. Benach, À. Broch, J. Palau i Fabre, V. Panyella i L. Permanyer].

6.12. *Josep Pla*:

J[osep] M. Castellet, *Josep Pla o la raó narrativa* (Barcelona, Destino, 1978), 250 pàgs.
«Faig», 26 (abril 1986).
Pla, i català [=«Quaderns Crema», 3] (maig 1990). [Amb articles d'A. Espadaler, A. Marí, J. Murgades, S. Oliva, D. Oller, F. Parcerisas, J. M. Sobrer i J. VallcorbaPlana].
Lluís Bonada, *L'obra de Josep Pla* (Barcelona, Teide, 1991), 218 pàgs.; il.

6.13. *La literatura sota la dictadura franquista*:

Joaquim Molas, *La literatura de postguerra* (Barcelona, Dalmau, 1966), 56 pàgs.
Gregori Mir, *Literatura i societat a la Mallorca de postguerra* (Palma de Mallorca, Moll, 1970), 167 pàgs.
Josep Massot i Muntaner, *Els intel·lectuals mallorquins davant el franquisme* (Montserrat, Publicacions de l'Abadia, 1992), 342 pàgs.
Ferran Carbó i Vicent Simbor, *La recuperació literària en la postguerra valenciana* (1939-1972) (Montserrat, Publicacions de l'Abadia, en premsa).

6.13.1. *La poesia*:

Joan Triadú, *La poesia catalana de postguerra* (Barcelona, Edicions 62, 1985), 240 pàgs.
Arthur Terry, *Quatre poetes catalans: Ferrater, Brossa, Gimferrer, Xirau* (Barcelona, Edicions 62, 1991), 224 pàgs.

6.13.1.1. Salvador Espriu:

J[osep] M. Castellet, *Iniciació a la poesia de Salvador Espriu* (Barcelona, Edicions 62, 1971), 176 pàgs.

Agustí Espriu i Malagelada, Núria Nogueras i Baró i M. Assumpció de Pons i Recolons, *Aproximació històrica al mite de Sinera* (Barcelona, Curial, 1983), 420 pàgs.

Rosa M. Delor, *Salvador Espriu o «el cercle obsessiu de les coses»* (Montserrat, Publicacions de l'Abadia, 1989), 222 pàgs.

6.13.1.2. Joan Oliver «Pere Quart»:

Josep Ferrater Mora, Baltasar Porcel, Francesc Vallverdú, Lluís Izquierdo, J. M. Castellet, Feliu Formosa, Joaquim Molas i Joaquim Horta, *De Joan Oliver a Pere Quart* (Barcelona, Edicions 62, 1969), 96 pàgs.

Antoni Turull, *Pere Quart, poeta del nostre temps* (Barcelona, Edicions 62, 1984), 236 pàgs.

6.13.1.3. Joan Vinyoli:

Joan Vinyoli (Barcelona, ICE Universitat de Barcelona, 1986), 133 pàgs. [Conté les ponències que S. Abrams, X. Folch, F. Formosa, F. Gomà, J. A. Goytisolo, J. Llovet, J. L. Panero, F. Parcerisas, À. Susanna i J. Teixidor van llegir en el simposi organitzat per l'ICE sobre l'obra d'aquest autor].

Ferran Carbó, *Introducció a la poesia de Joan Vinyoli* (Montserrat, Publicacions de l'Abadia, 1991), 181 pàgs.

6.13.1.4. Joan Brossa:

Jordi Coca, *Joan Brossa o el pedestal són les sabates* (Barcelona, Pòrtic, 1971), 159 pàgs.

Glòria Bordons, *Introducció a la poesia de Joan Brossa* (Barcelona, Edicions 62, 1988), 303 pàgs.

6.13.1.5. Agustí Bartra:

Anna Murià, *Crònica de la vida d'Agustí Bartra* (Barcelona, Martínez Roca, 1967), 278 pàgs. [2a. ed.: (Barcelona, Pòrtic, 1990)].
Actes del Simposi Agustí Bartra [=«Faig», 30] (octubre 1988).
Anna Murià, *L'obra de Bartra. Assaig d'aproximació* (Barcelona, Pòrtic, 1992).

6.13.1.6. Gabriel Ferrater:

Xavier Macià i Núria Perpinyà, *La poesia de Gabriel Ferrater* (Barcelona, Edicions 62, 1986), 187 pàgs.
Giuseppe Grilli, *Ferrateriana i altres estudis sobre Gabriel Ferrater* (Barcelona, Edicions 62, 1987), 112 pàgs.

6.13.1.7. Vicent Andrés Estellés:

Jaume Pérez Montaner i Vicent Salvador, *Una aproximació a Vicent Andrés Estellés* (València, Eliseu Climent, 1981), 104 pàgs.

6.13.2. La narrativa:

Maria Aurèlia Capmany, Josep Maria Espinàs, Manuel de Pedrolo, Joan Perucho i Jordi Sarsanedas, *Cita de narradors* (Barcelona, Selecta, 1958), 224 pàgs.
Gregori Mir, *Literatura i societat a la Mallorca de postguerra.* Vegeu l'apartat 6.13.
Joan Triadú, La novel·la catalana de postguerra (Barcelona, Edicions 62, 1982), 254 pàgs.

6.13.2.1. Llorenç Villalonga:

Jaume Vidal Alcover, *Llorenç Villalonga i la seva obra* (Barcelona, Curial, 1980), 222 pàgs.

6.13.2.2. Mercè Rodoreda:

Carme Arnau, *Introducció a la narrativa de Mercè Rodoreda. El mite de la infantesa* (Barcelona, Edicions 62, 1979), 320 pàgs.

Joaquim Poch, *Dona i psicoanàlisi a l'obra de Mercè Rodoreda (un estudi del narcisisme femení)* (Barcelona, Promociones Publicaciones Universitarias, 1987), 308 pàgs.

Homage to Mercè Rodoreda [= «Catalan Review», II, 2] (desembre 1987).

Carme Arnau, *Miralls màgics. Aproximació a l'última narrativa de Mercè Rodoreda* (Barcelona, Edicions 62, 1990), 176 pàgs.

6.13.2.3. Pere Calders:

Amanda Bath, *Pere Calders, ideari i ficció* (Barcelona, Edicions 62, 1987), 269 pàgs.

6.13.2.4. Maria Aurèlia Capmany:

Maria-Aurèlia Capmany en els seus millors escrits (Barcelona, Arimany, 1986). [Amb treballs de J. A. Codina, J. Guillamon, M. Roig i J. Vidal Alcover].

Maria Aurèlia Capmany i Farnés (1918-1991) (Barcelona, Ajuntament de Barcelona, 1992), 317 pàgs.; il. [Amb col·laboracions de C. Alcalde, J. Argenté, J. A. Benach, À. Broch, E. Casassas, J. A. Codina, J. Font, J. Fuster, G.-J. Graells, J. M. Llompart, J. Maragall, P. Maragall, M. Mata, J. Montanyès, M. A. Oliver, E. Piquer, J. Perucho, A. Pons, M. R. Prats, J. Reventós, R. Salvat, C. Serrallonga, I.-C. Simó, À. Susanna, F. Vicens i C. Virgili].

6.13.2.5. Manuel de Pedrolo:

Jordi Coca, *Pedrolo perillós?* (Barcelona, Dopesa, 1973), 160 pàgs.

Manuel de Pedrolo, *Si em pregunten, responc* (Barcelona, Aymà, 1974), 240 pàgs.

Manuel de Pedrolo, *radicalment la llibertat*, dins «Taula de Canvi», 16 (juliol-agost 1979), pàgs. 52-103. [Amb treballs de M. A. Capmany, J. Coca, J. Fuster i J. A. Vidal].

Jordi Arbonès, *Pedrolo contra els límits* (Barcelona, Aymà, 1980), 182 pàgs.

Rellegir Pedrolo, a cura de Xavier Garcia (Barcelona, Edicions 62, 1992), 272 pàgs. [Actes del simposi celebrat a Lleida el desembre de 1990; conté la bibliografia completa de les seves obres].

6.13.2.6. Joan Perucho:

Carlos Pujol, *Juan Perucho, el mágico prodigioso* (Bellaterra, EUTI, 1986), 99 pàgs.

Juan Perucho [=«Pasajes», 25] (Pamplona 1986).

Julià Guillamon, *Joan Perucho i la literatura fantàstica* (Barcelona, Edicions 62, 1989), 220 pàgs.

6.13.3. El teatre:

Joaquim Molas, *La literatura de postguerra*. Vegeu l'apartat 6.13.

Gregori Mir, *Literatura i societat a la Mallorca de postguerra*. Vegeu l'apartat 6.14.

Jordi Arbonès, *Teatre català de postguerra* (Barcelona, Pòrtic, 1973), 190 pàgs.

Antoni Bartomeus, *Els autors de teatre català: testimoni d'una marginació* (Barcelona, Curial, 1976), 396 pàgs.; il.

Jordi Coca, *L'Agrupació Dramàtica de Barcelona. Intent de Teatre Nacional (1955-1963)* (Barcelona, Edicions 62, 1978), 336 pàgs.

Enric Gallén, *El teatre a la ciutat de Barcelona durant el règim franquista (1939-1954)* (Barcelona, Edicions 62/Institut del Teatre, 1985), 448 pàgs.

6.14. *Els darrers temps:*

Guillem Jordi Graells i Oriol Pi de Cabanyes, *La generació literària dels 70* (Barcelona, Pòrtic, 1971), 274 pàgs.

Amadeu Fabregat, *Carn fresca* (València, L'Estel, 1974), 200 pàgs.

Àlex Broch, *Literatura catalana dels anys 70* (Barcelona, Edicions 62, 1980), 154 pàgs.

Àlex Broch, *Literatura catalana: balanç de futur* (Barcelona, Ed. del Mall, 1985).

Ferran Carbó i Vicent Simbor, *Literatura actual al País Valencià (1973-1992)* (Montserrat, Publicacions de l'Abadia, en premsa).

6.14.1. La poesia:

Joaquim Marco i Jaume Pont, *La nova poesia catalana. Estudi i antologia* (Barcelona, Edicions 62, 1980), 342 pàgs.

Vicenç Altaió i Josep M. Sala-Valldaura, *Les darreres tendències de la poesia catalana (1969-1979)* (Barcelona, Laia, 1980), 228 pàgs.

Josep M. Sala-Valldaura, *L'agulla en el fil* (*poesia catalana 1980-1986*) (Montserrat, Publicacions de l'Abadia, 1987), 258 pàgs.

6.14.2. El teatre:

Antoni Bartomeus, *Els autors de teatre català: testimoni d'una marginació.* Vegeu l'apartat 6.15.

Guillermo Ayesa, *Joglars. Una historia* (Barcelona, La Gaya Ciencia, 1978), 248 pàgs.

Josep Lluís Sirera, *Passat, present i futur del teatre valencià* (València, Institució Alfons el Magnànim, 1981), 80 pàgs.

Els Joglars, vint anys de trajectòria (Barcelona, Centre Dramàtic de la Generalitat de Catalunya, 1982).

Lluís Racionero i Antoni Bartomeus, *Els Joglars. 25 anys/Mester de Joglaria* (Barcelona, Edicions 62, 1987), 208 pàgs.; il. [N'hi ha versió espanyola, amb un resum en francès: *Mester de Juglaría. Els Joglars 25 años* (Barcelona, Edicions 62, 1987)].

6.15. *La literatura infantil:*

Teresa Rovira i M. Carme Ribé, *Bibliografía histórica del libro infantil en catalán* (Madrid, Asociación Nacional de Bibliotecarios, Archiveros y Arqueólogos, [1972]), XXVII+189 pàgs.; il.

Joaquim Carbó, *El teatre de «Cavall Fort»* (Barcelona, Edicions 62, 1975), 160 pàgs.; il.

Llibres infantils, juvenils i didàctics en català - 1979 (Barcelona, Associació d'Editors en Llengua Catalana/Gremi d'Editors de Catalunya/I.N.L.E., 1979), 160 pàgs.

Joan Barceló, *Folch i Torres: «escriptor per a nois i noies»* (Barcelona, Blume, [1981]), 94 pàgs.

6.16. *La literatura popular contemporània:*

Manuel Milà i Fontanals, *Romancerillo catalán.* Vegeu l'apartat 5.5.

Josep Romeu i Figueras, *El mito de «El comte Arnau» en la canción popular, la tradición legendaria y la literatura* (Barcelona, CSIC, 1948), XXIII+271 pàgs.; il.

Rafel Ginard Bauçà, *El cançoner popular de Mallorca* (Palma de Mallorca, Moll, 1960), 139 pàgs.

Manuel Vázquez Montalbán, *Antología de la «Nova Cançó» catalana* (Barcelona, Ediciones de Cultura Popular, 1968), 294 pàgs.; il.

La sardana, 3 vols. (Barcelona, Bruguera, 1970):
I. Josep Mainar i Jaume Vilalta, *El fet històric,* 222 pàgs.; II. Josep Mainar, Lluís Albert, Salvador Casanova, Isidre Molas i Lluís Moreno, *El fet musical,* 221 pàgs.; III. Josep Mainar, Albert Jané i Josep Miracle, *El fet literari, artístic i social,* 222 pàgs.

Josep M. Poblet, *Josep Anselm Clavé i la seva època* (1824-1874) (Barcelona, Dopesa, 1973), 330 pàgs.

Jordi Garcia Soler, *La Nova Cançó* (Barcelona, Edicions 62, 1976), 224 pàgs.

Josep M. Poblet, *Josep Robreño, comediant, escriptor i revolucionari (1783-1838)* (Barcelona, Millà, 1980), 174 pàgs.

Joan Ramon Mainat, *Tretze que canten* (Barcelona, Mediterrània, 1982), 169 pàgs.; il.

Llorenç Prats, Dolors Llopart i Joan Prat, *La cultura popular a Catalunya. Estudiosos i institucions 1853-1981* (Barcelona, Fundació Serveis de Cultura Popular, 1982), 163 pàgs.

Joan Miralles i Montserrat, *La història oral. Qüestionari i guia didàctica* (Palma de Mallorca, Moll, 1985), 150 pàgs.

Xavier Febrés, *Les havaneres, el cant d'un mar* (Girona, Diputació de Girona/Caixa de Girona, 1986), 95 pàgs.; il. [Col. «Quaderns de la Revista de Girona», 5].

Núria Pi i Vendrell, *Bibliografia de la novel·la sentimental publicada en català, entre 1924 i 1938* (Barcelona, Diputació de Barcelona-Biblioteca de Catalunya, 1986), 191 pàgs.; il.

Antoni Serrà-Campins, *El teatre burlesc mallorquí 1701-1850* (Barcelona, Publicacions de l'Abadia de Montserrat/Curial, 1987), 248 pàgs.

Llorenç Prats, *El mite de la tradició popular. Els orígens de l'interès per la cultura tradicional a la Catalunya del segle XIX* (Barcelona, Edicions 62, 1988), 214 pàgs.

M. Margarida Bassols i Puig, *Anàlisi pragmàtica de les endevinalles catalanes* (Montserrat, Ajuntament de Bellpuig/ Publicacions de l'Abadia, 1990), 256 pàgs.

6.17. *Reculls bibliogràfics:*

Josep Ribelles Comín, *Bibliografía de la lengua valenciana*, 5 vols. (Madrid): (Tipografía «Revista de Archivos, Bibliotecas y Museos»): I. Segle xv (1915), II. Segle xvi (1929) i III. Segles xvii i xviii (1939), (Servicio de Publicaciones del Ministerio de

Educación y Ciencia): IV. Segle xix (1978), i (Ministerio de Cultura) V. Segle xx (1984).

Marià Aguiló, *Catálogo de obras en lengua catalana impresas desde 1474 hasta 1860* (Madrid, Sucesores de Rivadeneyra, 1923), 1100 pàgs. [Edició facsímil: (Barcelona-Sueca, Curial, 1977)].

Josep Sebastià Pons, *La littérature catalane en Roussillon (1600-1800)*. *Bibliographie* (Tolosa de Llenguadoc-París, Privat/Didier, 1929), 108 pàgs.

Antoni Palau i Dulcet, *Manual del librero hispano-americano*, 28 vols. Vegeu l'apartat III.2.15.

Enric Noëll, *Éléments d'une bibliographie roussillonnaise* (Perpinyà, Académie du Roussillon, 1957), 45 pàgs.

Renat Noëll, *Essai de bibliographie roussillonnaise 1940-1960* (Prada de Conflent, Terra Nostra, 1969), 122 pàgs.

Joaquim Molas, *La literatura contemporánea*, dins *Situación actual de los estudios de lengua y literatura catalanas* [=«Norte», any XI, núm. 1+2] (Amsterdam, gener-abril 1970), pàgs. 93-116.

Renat Noëll, *Essai de bibliographie roussillonnaise 1906-1940* (Prada de Conflent, Terra Nostra, 1973), 122 pàgs.

Renat Noëll, *Essai de bibliographie roussillonnaise des origines à 1906* (Prada de Conflent, Terra Nostra, 1976), 224 pàgs.

Josep Massot i Muntaner, *Trenta anys d'estudis sobre la llengua i la literatura catalanes (1950-1980)*; II. *La literatura de l'Edat Mitjana a la Renaixença* (Montserrat, Publicacions de l'Abadia, 1980), 244 pàgs. [Es tracta de la traducció i actualització del seu treball *Veinte años de investigación sobre la literatura catalana (1950-1969)*, dins *Situación actual de los estudios de lengua y literatura catalanas* [=«Norte», any XI, núm. 1+2] (Amsterdam, gener-abril 1970), pàgs. 67-92].

Renat Noëll, *Essai de bibliographie roussillonnaise de 1960 à 1980* (Prada de Conflent, Terra Nostra, 1983), 255 pàgs.

D'altra banda, la revista «Llengua & Literatura» conté un butlletí bibliogràfic amb les publicacions sobre llengua i literatura catalanes aparegudes a partir de 1984; vegeu l'apartat 6.22.

6.18. Col·leccions d'edicions de textos:

«Antologia Catalana» (Barcelona, 1965-1984), dirigida per Joaquim Molas i publicada per Edicions 62; 100 vols. d'autors de tots els temps.

«Biblioteca Bàsica de Mallorca» (Palma de Mallorca, des de 1987), publicada pel Consell Insular de Mallorca i Editorial Moll; dedicada a textos d'autors mallorquins.

«Biblioteca Catalana» (Barcelona 1872-1905), dirigida per Marià Aguiló; 12 vols. de clàssics catalans.

«Biblioteca Catalana» (Barcelona 1908-1950), dirigida per Ramon Miquel i Planas; 20 vols. de clàssics catalans. Es va plantejar com a la continuadora de la col·lecció anterior.

«Biblioteca d'Autors Valencians» (València, des de 1981), publicada per Edicions Alfons el Magnànim, Institució Valenciana d'Estudis i Investigació, i dirigida per Joan Fuster; dedicada a textos d'autors valencians.

«Capcer» (Maó, des de 1985), publicada per l'Institut Menorquí d'Estudis; dedicada a textos d'autors menorquins.

«Clàssics Albatros» (València 1973-1978), publicada per Albatros Edicions i dirigida per Joan Fuster; 6 volums de clàssics valencians.

«El Garbell» (Barcelona, des de 1980), publicada per Edicions 62 i coordinada per Glòria Casals, Manuel Llanas, Ramon Pinyol i Torrens i Llorenç Soldevila; s'adreça preferentment al batxillerat.

«Els Nostres Clàssics» (Barcelona, des de 1924), publicada per Editorial Barcino i fundada i dirigida —fins al 1985— per Josep M. de Casacuberta. L'actual director és Amadeu J. Soberanas i la col·lecció ha ampliat el seu abast fins al 1800.

«Història de la literatura catalana» (Barcelona 1984-1985); 83 vols. representatius de totes les èpoques i tots els gèneres. Van aparèixer acompanyant els fascicles de la *Història de la literatura catalana* (3 vols.) dirigida per Joan Manuel Prado i Francesc Vallverdú; vegeu l'apartat V.1.1.

«Històries d'altre temps» (Barcelona 1910-1917), dirigida per Ramon Miquel i Planas; 11 vols. de textos catalans antics.

116

«L'Alzina» (Barcelona 1984), dirigida per Joaquim Molas i publicada per Edicions 62, està formada per 3 sèries (Literatura, Estudis i Assaig) i es proposa de recuperar textos de difícil accés; d'alguna manera representa la continuació d'«Antologia Catalana».

«L'Estel» (València 1987), dirigida per Vicent Salvador; s'adreça preferentment al batxillerat.

«Les Millors Obres de la Literatura Catalana» (Barcelona 1978-1983), dirigida per Joaquim Molas; 100 vols. representatius de totes les èpoques i tots els gèneres.

«Textual» (Barcelona 1989), dirigida per Glòria Casals, Manuel Llanas, Ramon Pinyol i Torrens i Llorenç Soldevila i publicada per Edicions 62, ofereix textos literaris catalans de totes les èpoques anotats i comentats.

VI. Col·leccions d'actes, homenatges i revistes

1. ACTES I HOMENATGES:

Actes de l'AILLC

La Linguistique Catalane /Estrasburg, 1968/, a cura d'Antoni Badia Margarit i Georges Straka (París, Klincksieck, 1973).

Problemes de llengua i literatura catalanes. Actes del II Col·loqui Internacional sobre el Català /Amsterdam 1970/, [a cura de Felip M. Lorda i Alaiz i Jean Roudil] (Montserrat, Publicacions de l'Abadia, 1986).

Actes del Tercer Col·loqui Internacional de Llengua i Literatura Catalanes celebrat a Cambridge del 9 al 14 d'abril de 1973, a cura de R. B. Tate i Alan Yates (Oxford, The Dolphin Book Co., Ltd., 1976).

Actes del Quart Col·loqui Internacional de Llengua i Literatura Catalanes. Basilea, 22-27 de març de 1976, a cura de Germà Colon (Montserrat, Publicacions de l'Abadia, 1977).

Actes del Cinquè Col·loqui Internacional de Llengua i Literatura Catalanes. Andorra, 1-6 d'octubre de 1979, a cura de J. Bruguera i J. Massot i Muntaner (Montserrat, Publicacions de l'Abadia, 1980).

Actes del Sisè Col·loqui Internacional de Llengua i Literatura Catalanes. Roma, 28 setembre-2 octubre 1982, a cura de Giuseppe Tavani i Jordi Pinell (Montserrat, Publicacions de l'Abadia, 1983).

Actes del Setè Col·loqui Internacional de Llengua i Literatura Catalanes. Tarragona-Salou, 1-5 octubre 1985, a cura de Joan Veny i Joan M. Pujals (Montserrat, Publicacions de l'Abadia, 1986).

Actes del Vuitè Col·loqui Internacional de Llengua i Literatura Catalanes. Tolosa de Llenguadoc, 12-17 de setembre de 1988, 2 vols., a cura d'Antoni M. Badia i Margarit i Michel Camprubí (Montserrat, Publicacions de l'Abadia, 1989).

Actes del Novè Col·loqui Internacional de Llengua i Literatura Catalanes. Alacant, setembre de 1991 (Montserrat, Publicacions de l'Abadia, en premsa).

Actes de l'AISC

Il contributo italiano agli studi catalani, 1945-1979 (Cosenza, Lerici, 1981). [Actes que recullen comunicacions presentades als 2 primers col·loquis de l'AISC (Roma 1977 i 1978).]

[*Atti del Convegno Internazionale «Ramon Llull, il lullismo internazionale, l'Italia»* [=«Annali. Sezione Romanza», XXXIV, 1 (Istituto Universitario Orientale. Nàpols 1992)], a cura de Giuseppe Grilli.

Actes de la NACS

Estudis de llengua, literatura i cultura catalanes. Actes del Primer Col·loqui d'Estudis Catalans a Nord-Amèrica. Urbana, 30 de març-1 d'abril de 1978, a cura d'Albert Porqueras-Mayo, Spurgeon Baldwin i Jaume Martí-Olivella (Montserrat, Publicacions de l'Abadia, 1979).

Actes del Segon Col·loqui d'Estudis Catalans a Nord-Amèrica. New Haven 1979, a cura de Manuel Duran, Albert Porqueras-Mayo i Josep Roca-Pons (Montserrat, Publicacions de l'Abadia, 1982).

Actes del Tercer Col·loqui d'Estudis Catalans a Nord-Amèrica. Toronto 1982. Estudis en honor de Josep Roca-Pons, a cura de Patricia Boehne, Josep Massot i Muntaner i Nathaniel B. Smith (Montserrat, Publicacions de l'Abadia, 1983).

Actes del Quart Col·loqui d'Estudis Catalans a Nord-Amèrica. Washington, D.C, 1984. Estudis en honor d'Antoni M. Badia i Margarit, a cura de Nathaniel B. Smith, Josep M. Solà-Solé, Mercè Vidal-Tibbits i Josep Massot i Muntaner (Montserrat, Publicacions de l'Abadia, 1985).

Actes del Cinquè Col·loqui d'Estudis Catalans a Nord-Amèrica. Tampa-St. Augustine 1987, a cura de Curt J. Wittlin i Philip D. Rasico (Montserrat, Publicacions de l'Abadia, 1988).

Actes del Sisè Col·loqui d'Estudis Catalans a Nord-Amèrica. Vancouver 1990, a cura de Karl I. Kobbervig, Arseni Pacheco i Josep Massot i Muntaner (Montserrat, Publicacions de l'Abadia, 1992).

Homenatges

In memoriam Carles Riba (1959-1969) (Esplugues de Llobregat, Ariel, 1973).

Homenatge a Francesc de B. Moll: 1 [=«Randa», 9 (1979)], 2 [=«Randa», 10 (1980)] i 3 [=«Randa», 11 (1981)].

Estudis de llengua i literatura catalanes oferts a R. Aramon i Serra en el seu setantè aniversari: I [=«Estudis Universitaris Catalans», XXIII (1979)], II [=«Estudis Universitaris Catalans», XXIV (1980)], III [=«Estudis Universitaris Catalans», XXV (1983)] i IV [=«Estudis Universitaris Catalans», XXVI (1984)].

Homenatge a Josep M. de Casacuberta, I [=«Estudis de Llengua i Literatura Catalanes», 1 (1980)] i II [=«Estudis de Llengua i Literatura Catalanes», 2 (1981)].

Miscel·lània Pere Bohigas, I [=Estudis de Llengua i Literatura Catalanes», 3 (1981)], II [=«Estudis de Llengua i Literatura Catalanes», 4 (1982)] i III [=«Estudis de Llengua i Literatura Catalanes», 6 (1983)].

Miscel·lània Antoni M. Badia i Margarit, I [=«Estudis de Llengua i Literatura Catalanes», 9 (1984)], II [=«Estudis de Llengua i Literatura Catalanes», 10 (1985)], III [=«Estudis de

Llengua i Literatura Catalanes», 11 (1985)], IV [=«Estudis de Llengua i Literatura Catalanes», 12 (1986)], V [=«Estudis de Llengua i Literatura Catalanes», 13 (1986)], VI [=«Estudis de Llengua i Literatura Catalanes», 14 (1987)] i VII [=«Estudis de Llengua i Literatura Catalanes», 16 (1988)].

Miscel·lània Sanchis Guarner, a cura d'Emili Casanova. I. *Estudis en memòria del professor Manuel Sanchis Guarner: Estudis de llengua i literatura catalanes* (València, Universitat, 1984), LXIII+440 pàgs. II. *Estudis de llengua i literatura* (València, Universitat, 1984), 324 pàgs. [La primera part ha estat reeditada amb força variacions: *Miscel·lània Sanchis Guarner*, 3 vols., a cura d'Antoni Ferrando (Montserrat, Publicacions de l'Abadia, 1992).

Homenatge a Antoni Comas (Barcelona, Facultat de Filologia de la UB, 1985).

Symposium in honorem prof. M. de Riquer (Barcelona, UB/Quaderns Crema, 1986).

Studia in honorem prof. M. de Riquer (Barcelona, Quaderns Crema): I (1986), II (1987), III (1988) i IV (1991).

Estudis de literatura catalana en honor de Josep Romeu i Figueras, 2 vols., a cura de Lola Badia i Josep Massot i Muntaner (Montserrat, Publicacions de l'Abadia, 1986).

Miscel·lània d'homenatge a Enric Moreu-Rey, 3 vols., a cura d'Albert Manent i Joan Veny (Montserrat, Publicacions de l'Abadia, 1988).

Miscel·lània Joan Gili, a cura d'Albert Manent i Josep Massot i Muntaner (Montserrat, Publicacions de l'Abadia, 1988).

La Corona d'Aragó i les llengües romàniques. Miscel·lània d'homenatge per a Germà Colon (Tübingen, Günter Narr, 1989).

Miscel·lània Joan Bastardas, I [=«Estudis de Llengua i Literatura Catalanes», 18 (1989)], II [=«Estudis de Llengua i Literatura Catalanes», 19 (1989)], III [=«Estudis de Llengua i Literatura Catalanes», 20 (1990)] i IV [=«Estudis de Llengua i Literatura Catalanes», 21 (1990)].

Miscel·lània Joan Fuster, a cura d'Antoni Ferrando i Albert G. Hauf (Montserrat, Publicacions de l'Abadia): I (1989), II (1990), III (1991), IV (1991), V (1992); nous volums en preparació.

Homenatge a Josep Roca-Pons. Estudis de llengua i literatura, a cura de Jane White Albrecht, Janet Ann DeCesaris, Patricia V. Lunn i Josep Miquel Sobrer (Montserrat, Indiana University/Publicacions de l'Abadia, 1991).

Polyglotte Romania: Homenatge a Tilbert Dídac Stegmann, 2 vols., a cura de Brigitte Schlieben-Lange i Axel Schönberger (Frankfurt am Main, Domus Editoria Europaea, 1991). *Band 1. Beiträge zu Sprache, Literatur und Kultur Kataloniens sowie zur Geschichte der deutschsprachigen Katalanistik* i *Band 2. Beiträge zu Sprachen, Literaturen und Kulturen der Romania.*

Miscel·lània Jordi Carbonell, I [=«Estudis de Llengua i Literatura Catalanes», 22 (1991)], II [=«Estudis de Llengua i Literatura Catalanes», 23 (1991)], III [=«Estudis de Llengua i Literatura Catalanes», 24 (1992)], IV [=«Estudis de Llengua i Literatura Catalanes», 25 (1992)]; nous volums en preparació.

2. Les revistes de la catalanística:

Les revistes que relaciono a continuació són les que estan dedicades a l'estudi de la llengua i/o la literatura catalanes en els seus diferents aspectes o que, tot i sent pluridisciplinàries, s'ocupen d'aquestes temàtiques amb preferència o molt freqüentment. Evidentment, els estudis de llengua i literatura catalanes també tenen cabuda —i sovint fins i tot en llengua catalana— en moltes altres revistes, de casa i de fora, que no se n'ocupen ni exclusivament ni preferentment, com per exemple «Bulletin of Hispanic Studies», «Rassegna Iberistica», «Recerques», «Revue des Langues Romanes», «Zeitschrift für Romanische Philologie», etc.

«Anuari de Filologia»/Llengua i literatura catalanes. Publicada per la Facultat de Filologia de la Universitat de Barcelona; des del volum XIII (1990) ha iniciat una nova etapa en què cada secció compta amb un fascicle independent.

«Anuari Verdaguer». Anuari publicat a Vic des de 1986.

«Arxiu de Textos Catalans Antics». Anuari publicat a Barcelona des de 1982. Va aparèixer com a publicació de la Fundació Jaume Bofill; des del número 6 ho és conjuntament de l'IEC i la Facultat de Teologia de Catalunya.

«Boletín de la Real Academia de Buenas Letras de Barcelona». Es publica a Barcelona des de 1901; actualment té una periodicitat biennal.

«Caplletra». Publicada a València per l'Institut Universitari de Filologia Valenciana des de 1986 i a partir del número 3 en coedició amb les Publicacions de l'Abadia de Montserrat. Té una periodicitat semestral; darrerament els seus volums són de tema monogràfic.

«Catalan Review». Publicada a Barcelona per la NACS des de 1986; la periodicitat és de 2 fascicles l'any. S'expressa en anglès i català, bàsicament. Alterna els volums miscel·lanis amb els monogràfics.

«COM ensenyar català als adults». Publicada pel Gabinet de Didàctica de la Direcció General de Política Lingüística de la Generalitat de Catalunya, des de 1982; il·lustrada.

«Els Marges». Publicada a Barcelona des del 1974, ha iniciat una nova etapa a partir del número 43 (febrer 1991); té una periodicitat quadrimestral.

«Estudis de Llengua i Literatura Catalanes». Publicada a Montserrat des de 1980, en l'actualitat conjuntament per l'AILLC, l'ACS, l'AISC, la DKG, la NACS, l'IME, la Fundació Congrés de Cultura Catalana i les Publicacions de l'Abadia de Montserrat; té una periodicitat semestral.

«Estudis Romànics». Publicada a Barcelona per l'IEC des de 1947/48; té una periodicitat biennal.

«L'Espill». Publicada a València des de 1979 i dedicada pluridisciplinàriament a temes valencians.

«Llengua & Literatura». Anuari publicat a Barcelona per la Societat Catalana de Llengua i Literatura, filial de l'IEC, des de 1986.

«Randa». Publicada a Barcelona des de 1975 i dedicada a temes baleàrics.

«Revista de Catalunya». Revista mensual pluridisciplinària publicada a Barcelona per la Fundació Revista de Catalunya des de 1986, com a nova etapa de la revista fundada per Antoni Rovira i Virgili l'any 1924.

«Revista de Lengua y Literatura Catalana, Gallega y Vasca». Anuari publicat pel Departamento de Filología Española de la Universidad Autónoma de Madrid des de 1991. S'expressa en espanyol.

«Revista de Llengua i Dret». Publicada a Barcelona per l'Escola d'Administració Pública de la Generalitat de Catalunya des de 1983; té una periodicitat semestral.

«Revista de l'Alguer». Anuari pluridisciplinari publicat a l'Alguer pel Centre de Recerca i Documentació «Eduard Toda» des de 1990.

«Serra d'Or». Revista mensual il·lustrada i pluritemàtica, publicada a Barcelona pel Monestir de Montserrat des de 1959.

«Societat d'Onomàstica». Publicada a Barcelona com a butlletí interior d'aquesta societat des de 1980; té una periodicitat quadrimestral.

«Studia Lulliana». Publicada a Palma de Mallorca per la Maioricensis Schola Lullistica des de 1957; la periodicitat és de 2 fascicles l'any. En la seva primera etapa es deia «Estudios Lulianos».

«Treballs de Sociolingüística Catalana». Publicada a València des de 1977.

«Zeitschrift für Katalanistik». Anuari publicat a Frankfurt am Main per la DKG des de 1988. S'expressa bàsicament en alemany i català.

Per bé que es tracta d'un altre tipus de revistes, cal fer també atenció a:

«Catalonia culture». Publicada a Barcelona pel Centre Unesco de Catalunya, des del gener de 1987; la periodicitat és de 5 números l'any; il·lustrada. Se'n publiquen 3 versions bilingües: anglès-català, espanyol-català i francès-català.

«Cultura». Publicada a Barcelona pel Departament de Cultura de la Generalitat de Catalunya des del maig de 1989 —en la seva quarta etapa; la periodicitat és d'11 números l'any; il·lustrada. Cada número conté un dossier monogràfic.

125

Apèndixs

1

Institut d'Estudis Catalans (Secció Filològica)
Fundat l'any 1907, i amb un àmbit d'actuació avui dia oficialment reconegut que s'estén a totes les terres de llengua i cultura catalanes, l'any 1911 l'IEC va constituir la Secció Filològica, que ha exercit i exerceix les funcions d'acadèmia de la llengua. Vegeu: *L'Institut d'Estudis Catalans. Els seus primers XXV anys* (Barcelona, Palau de la Generalitat, 1935) [Fins a 1932]; l'opuscle *L'Institut d'Estudis Catalans 1907-1986* (Barcelona, IEC, 1986); i *The Institut d'Estudis Catalans* (Barcelona, IEC, 1992).

> IEC
> Casa de Convalescència
> Carme, 47
> *08001 Barcelona*
> Telf.: (343) 318 55 16
> Fax: (343) 412 29 94

Societat Catalana de Llengua i Literatura (Filial de l'IEC)
Constituïda l'any 1985 com a secció autònoma —i tot seguit convertida en societat independent— de la Societat Catalana d'Estudis

127

Històrics (1946), la SCLL organitza cursets, conferències i col·loquis i des de 1986 edita l'anuari «Llengua & Literatura». Vegeu: Josep Massot i Muntaner, *Llengua i literatura a l'Institut d'Estudis Catalans*, dins «Llengua & Literatura», 1 (1986), pàgs. 625-628.

Societat Catalana de Llengua i Literatura
IEC
Carme, 47
08001 Barcelona
Telf.: (343) 318 55 16
Fax: (343) 412 29 94

TERMCAT. Centre de Terminologia del Català

Aquest centre va ser creat el 1985 per la Conselleria de Cultura de la Generalitat de Catalunya i l'Institut d'Estudis Catalans per tal que, en el marc del procés de normalització lingüística, planifiqués, dirigís, revisés i, quan s'escaigués, elaborés el treball terminològic català a partir de les necessitats manifestades pels diferents sectors socials i per la Direcció General de Política Lingüística; sancionés les terminologies elaborades, a través de l'IEC; muntés una base de dades terminològiques plurilingüe; i representés la terminologia catalana als organismes catalans, estatals i internacionals. El TERMCAT està organitzat en quatre seccions: Recerca Terminològica, Lingüística, Documentació i Consulta Terminològica; aquesta darrera secció ha muntat el banc de dades terminològiques plurilingüe BTERM, accessible en qualsevol de les quatre llengües que conté (català, espanyol, francès i anglès). Les consultes es poden fer automàticament si hom hi està connectat via informàtica, o per sistema diferit (telèfon o carta). D'altra banda, el TERMCAT edita trimestralment un informe sobre les seves activitats, que és distribuït als organismes lingüístics i als seus col·laboradors. Vegeu: M. Teresa Cabré i Castellví, *El TERMCAT, Centre de Terminologia del Català*, «Llengua & Literatura», 3 (1988-1989), 647-650.

TERMCAT
IEC
Carme, 47
08001 Barcelona
Telf.: (343) 318 23 22

Institut de Sociolingüística Catalana

Creat l'any 1980, i adscrit a la Direcció General de Política Lingüística de la Generalitat de Catalunya, estudia la situació de la llengua catalana, assessora el Departament de Cultura i fomenta i difon les investigacions en aquest camp a través de publicacions, de congressos i de conferències. Manté una excel·lent biblioteca especialitzada.

> Institut de Sociolingüística Catalana
> Mallorca, 272, 1r.
> *08037 Barcelona*
> Telf.: (343) 482 56 00
> Fax: (343) 216 04 55

AILLC
Associació Internacional de Llengua i Literatura Catalanes

Constituïda oficialment l'any 1973, l'AILLC organitza cada tres anys un col·loqui internacional que se celebra alternadament als Països Catalans i a fora, i en publica les actes. D'altra banda, i amb la col·laboració de les altres associacions de catalanística, publica la revista semestral «Estudis de Llengua i Literatura Catalanes». També publica periòdicament el resum de les seves activitats. Vegeu:

Germà Colon i Domènech, *L'Associació Internacional de Llengua i Literatura Catalanes (AILLC)*, dins «Estudis de Llengua i Literatura Catalanes», V [*=El català a Europa i a Amèrica*] (1982), pàgs. 9-19.

L'Associació Internacional de Llengua i Literatura Catalanes (Montserrat, AILLC/Publicacions de l'Abadia, 1983).

L'Associació Internacional de Llengua i Literatura Catalanes 1968-1986 (Montserrat, AILLC/Publicacions de l'Abadia, 1986).

Josep Massot i Muntaner, *L'Associació Internacional de Llengua i literatura Catalanes* (1968-1988), «Revista de Catalunya», 20 (juny 1988), pàgs. 153-157.

L'Associació Internacional de Llengua i Literatura Catalanes 1986-1989 (Montserrat, AILLC/Publicacions de l'Abadia, 1989).

L'Associació Internacional de Llengua i Literatura Catalanes (1968-1992) (Montserrat, AILLC/Publicacions de l'Abadia, 1992).

L'actual secretari és:

Josep Massot i Muntaner
AILLC
08199 Abadia de Montserrat
Fax: (343) 828 40 49

ACS
Anglo-Catalan Society

Constituïda el 1954, és la degana de les associacions de catalanística. Celebra un col·loqui anualment en una universitat britànica, concedeix també anualment la beca The Anglo-Catalan Society Scholarship per a estudiants o erudits joves de parla catalana i publica la col·lecció «The Anglo-Catalan Society Occasional Publications». Vegeu:

Robert Pring-Mill, *The Anglo-Catalan Society*, «Bulletin of Hispanic Studies», LIII (1976), 99-100.

Alan Yates, *L'Anglo-Catalan Society*, «Serra d'Or» (juliol-agost 1978), 53-54.

[Alan Yates], *The Anglo-Catalan Society, 1954-1979* (Sheffield 1979).

Geoffrey J. Walker, *L'Anglo-Catalan Society, 1954-1981*, «Estudis de Llengua i Literatura Catalanes», V [=*El català a Europa i a Amèrica*] (1982), 21-38.

L'actual secretari és:

Dominic Keown
ACS
Dept. of Hispanic Studies
University of Liverpool
P. O. Box 147
Liverpool L69 3BX (Gran Bretanya)
Telf.: (4451) 794 27 75
Fax: (4451) 708 65 02

L'actual representant als Països Catalans és:

Miquel Ruiz
ACS
Prat de la Riba, 55
08915 Badalona

AFC
Association Française des Catalanistes

Constituïda oficialment l'any 1990, actualment prepara un repertori dels catalanistes francesos i un col·loqui-homenatge a Pierre Vilar.

Cal adreçar-se a:
>Montserrat Prudon
>Presidenta de l'AFC
>Centre d'Estudis Catalans
>de la Universitat de la Sorbona
>9, rue Sainte Croix de la Bretonnerie
>*75004 París* (França)
>Telf.: (331) 42 77 65 69

AISC
Associazione Italiana di Studi Catalani

Constituïda oficialment l'any 1978, per bé que ja havia celebrat una trobada l'any anterior, l'AISC ha publicat un volum amb les ponències d'aquestes dues primeres reunions, un útil recull bibliogràfic i les actes del col·loqui celebrat a Nàpols l'any 1989. Actualment celebra un col·loqui cada tres anys i en publica les actes. Vegeu:

Jordi Pinell, *Estudis catalans a Itàlia,* «Serra d'Or» (abril 1980), 47-48.

Giuseppe Tavani, *L'Associazione Italiana di Studi Catalani,* «Estudis de Llengua i Literatura Catalanes», V [=*El català a Europa i a Amèrica*] (1982), 39-41.

L'actual secretari és:
>Rossend Arqués
>AISC
>Dipartimento d'Iberistica
>Università degli Studi di Venezia
>Ca' Garzoni e Moro
>S. Marco 3417
>30124 Venècia (Itàlia)
>Fax: (3941) 529 84 27

DKG
Deutsch-Katalanische Gesellschaft

Constituïda l'any 1983, anualment celebra un col·loqui en una universitat alemanya i, des de 1988 publica l'anuari bilingüe (alemany-català) «Zeitschrift für Katalanistik». Vegeu: Vicent Pitarch i Almela, *Setmanes Catalanes Karlsruhe 1983 i Primer Col·loqui d'Estudis Catalans a Alemanya*, «L'Espill», 19 (tardor 1983), pàgs. 113-120, i especialment 117-120.

    Secretariat: DKG
                Katalanisches Kulturbüro/Oficina Catalana
                Jordanstr. 10
                D-6000 Frankfurt am Main 90 (Alemanya)
                Telf.: (4969) 707 37 44
                Fax: (4969) 707 37 45

NACS
North American Catalan Society

Constituïda l'any 1978, la NACS, que agrupa els estudiosos dels Estats Units i del Canadà, celebra un col·loqui cada tres anys, i des de 1986 publica la revista semestral «Catalan Review». Vegeu:

Josep Roca-Pons, *La NACS (North American Catalan Society)*, «Estudis de Llengua i Literatura Catalanes», V [=*El català a Europa i a Amèrica*] (1982), 43-54.

Albert Porqueras-Mayo, *Els estudis catalans i la North American Catalan Society (NACS)*, «Estudis de Llengua i Literatura Catalanes», XII [=*Miscel·lània Antoni M. Badia i Margarit*, 4] (1986), 231-243.

A. Bover i Font, *North American Catalan Society: desè aniversari*, «Revista de Catalunya», 24 (novembre 1988), 141-144.

La North American Catalan Society (de 1978 a 1992) (Montserrat, NACS/Publicacions de l'Abadia, 1992).

    L'actual secretari és:
                Manel Esteban
                NACS
                Vice-President for Academic Affairs
                Humbolt State University
                Arcata, CA 95521 (EUA)

L'actual vocal coordinador als Països Catalans és:

August Bover
NACS
Dpt. de Filologia Catalana
Universitat de Barcelona
Gran Via de les Corts Catalanes, 585
08071 Barcelona
Fax: (343) 317 59 92

Quant als estudiosos, hom disposa de repertoris on figuren per ordre alfabètic i on s'especifica l'adreça, els camps de recerca i les obres publicades, en premsa o en preparació:

Repertori de catalanòfils, 1 [«Estudis de Llengua i Literatura Catalanes», VII (1983)]. [101 estudiosos el primer cognom dels quals comença per les lletres compreses entre la A i la L].

Repertori de catalanòfils, 2 [«Estudis de Llengua i Literatura Catalanes», VIII (1984)]. [100 estudiosos el primer cognom dels quals comença per les lletres compreses entre la M i la Z].

Repertori de catalanòfils, 3 [«Estudis de Llengua i Literatura Catalanes», XVII (1988)]. [229 estudiosos].

2

CURSOS D'ESTIU DE CATALÀ

El Departament de Cultura de la Generalitat de Catalunya disposa d'un telèfon d'informació sobre Cursos de Català per a Adults. A través d'aquest servei es facilita la relació dels llocs i dates en què s'imparteixen aquests cursos i els requisits per apuntar-s'hi; funciona de dilluns a divendres, de 9 h. a 13 h. i de 16 h. a 17 h.: (343) 412 55 00.

Vegeu, també, l'opuscle *Cursos de Català. Informació/Cursos de Catalán. Información/Cours de Catalan. Information/Catalan Courses. Information/Katalanischlkurse. Information* ([Barcelona, Departament de Cultura de la Generalitat de Catalunya, [1992]).

JULIOL

(Barcelona)
ESCOLA OFICIAL D'IDIOMES (EOI)
Cursos de 80 hores (4 hores diàries). S'ofereixen 4 nivells:

1) Curs comunicatiu per a no-catalanoparlants (nivell principiants).

2) Curs comunicatiu per a no-catalanoparlants (nivell intermedi).

3) Curs per a catalanoparlants que volen iniciar-se en l'escriptura.

4) Curs per a catalanoparlants que vulguin perfeccionar la llengua escrita.

Hi ha 20 alumnes per classe i el nombre de places és limitat. La matrícula s'ha de formalitzar abans de mitjan juny. Tots els alumnes han de fer un test de nivell. En acabar el curs es lliura als alumnes un Certificat d'Assistència. Amb caràcter complementari, s'organitzen conferències i actes culturals per tal d'iniciar els alumnes al coneixement de la cultura i la vida catalanes. L'Escola disposa d'un Centre d'Autoaprenentatge.

Informació i inscripció:
Cursos d'estiu (català)
Escola Oficial d'Idiomes
Avda. de les Drassanes, s/n.
08001 Barcelona
Telf.: (343) 329 34 12
Fax: (343) 329 34 12

SERVEI DE LLENGUA CATALANA
(Universitat de Barcelona)

Cursos de 80 hores (4 hores diàries). S'ofereixen 4 nivells de cursos per a no-catalanoparlants i 3 nivells de cursos per a catalanoparlants:

No-catalanoparlants:
A. Comprensió i iniciació oral.
B. Agilitació oral.
B2. Fluïdesa i correcció oral.
GC. Grup de conversa i perfeccionament fonètic.

Catalanoparlants:
C. Nivell elemental.
D. Nivell de suficiència.
D2. Nivell de perfeccionament.

El nombre mínim d'alumnes és de 20 per classe. El període d'inscripció comença a mitjan maig. Hi ha proves d'accés per als alumnes

134

que es volen inscriure directament als nivells B, B2, D o D2; les proves es fan aproximadament una setmana abans de l'inici dels cursos del mes de juliol. Els alumnes d'aquests cursos tenen la possibilitat d'utilitzar el Centre d'Autoaprenentatge.

Informació i inscripció (de 9 h. a 13 h.):
Secretariat del Servei de Llengua Catalana
Universitat de Barcelona
Gran Via de les Corts Catalanes, 585
08071 Barcelona
Telf.: (343) 318 42 66, extensions 2056 i 2057
Fax: (343) 317 95 33

(Gironella)
JORNADES DE LLENGUA I CULTURA CATALANES A GIRONELLA
Segona quinzena de juliol. S'exigeix haver fet un mínim d'un semestre de català. Places limitades: màxim 20 alumnes. Dues hores diàries de llengua i literatura (matins), conferències i col·loquis (tardes) i sortides i activitats culturals (caps de setmana).

Informació i inscripció:
Jornades de Llengua i Literatura Catalanes
CMH Sant Tomàs d'Aquino
Sant Joan Baptista de la Salle, 4
08680 Gironella
Telf.: (343) 825 09 60

(Palma de Mallorca)
CURS D'ESTIU DE CATALÀ A MALLORCA
Les tres darreres setmanes de juliol.

Informació i inscripció:
Secretaria dels cursos d'estiu
Estudi General Lul·lià
Sant Roc, 4
07001 Palma de Mallorca
Telf.: (3471) 71 19 88

(Reus)
ÒMNIUM CULTURAL - Baix Camp
   Cursos de 2'30 hores cada dia, de dilluns a dijous, en sessions de
tarda o vespre. S'ofereixen diferents nivells —per a no-catalanoparlants i per a catalanoparlants—, segons la demanda, però cal un mínim de 15 alumnes per posar en funcionament un grup.

   Informació i inscripció (dimecres de 12 h. a 14 h. i divendres de
17 h. a 21 h.):
            Òmnium Cultural - Baix Camp
            Carrer d'En Vilà, 5, pral.
            43201 Reus
            Telf.: (3477) 34 16 17

(Sabadell)
ÒMNIUM CULTURAL
   Cursos intensius de 40 hores. Hi ha 3 nivells: elemental, mitjà i
superior; segons la demanda s'organitzen cursos específics (no catalanoparlants, ortografia, etc.).

   Informació i inscripció (de 16 h. a 20 h.):
            Òmnium Cultural
            Illa, 2, 1r.
            08202 Sabadell
            Telf.: (343) 725 07 42
            Fax: (343) 725 07 42

(València)
CENTRE «CARLES SALVADOR»
   Curs de 45 hores; diferents nivells, des de l'oral al superior.

   Informació i inscripció:
            Centre «Carles Salvador»
            Moratín, 15, 3r.
            46002 València
            Telf.: (346) 351 17 27
            Fax: (346) 351 17 88

(Vic)
ESTUDIS UNIVERSITARIS DE VIC

Primera quinzena de juliol. S'exigeix la comprensió oral i escrita de la llengua. Classes de llengua i literatura (matins) i conferències, excursions i activitats culturals i d'autoaprenentatge (tardes). El termini d'inscripció s'acaba el 30 d'abril.

Informació i inscripció:
> *Curs d'estiu de llengua catalana*
> Estudis Universitaris de Vic
> Miramarges, 4
> *08500 Vic*
> Telf.: (343) 886 12 22

JULIOL i SETEMBRE

(Barcelona)
SERVEI DE LLENGUA CATALANA
(Universitat de Barcelona)

Cursos de 80 hores (2 hores diàries —juliol i setembre). S'ofereixen 4 nivells de cursos per a no-catalanoparlants i 3 nivells de cursos per a catalanoparlants; vegeu més informació en l'apartat dels cursos del mes de juliol. Els alumnes dels cursos tenen la possibilitat d'utilitzar el Centre d'Autoaprenentatge.

Informació i inscripció (9 h.-13 h.):
> *Secretaria del Servei de Llengua Catalana*
> Universitat de Barcelona
> Gran Via de les Corts Catalanes, 585
> *08071 Barcelona*
> Telf.: (343) 318 42 66, extensions 2506 i 2507
> Fax: (343) 317 95 33

AGOST

(Prada de Conflent)
UNIVERSITAT CATALANA D'ESTIU (UCE)
> Liceu Renouvier
> Carretera de Catllar
> *Prada de Conflent* (Catalunya del Nord)

La Universitat Catalana d'Estiu se celebra durant una desena de dies, cada any, dintre de la segona quinzena d'agost. Les classes s'imparteixen de 9 h. a 12 h. La curta durada de la UCE fa que només es pugui oferir una *Iniciació a la llengua*, per bé que es desglossa en tres nivells de llengua (A, B i C) i un curs de lèxic i terminologia. La UCE ofereix també cursos d'*Iniciació als Països Catalans* i d'*Iniciació a la literatura catalana*.

La matrícula cal fer-la entre el 15 de juny i el 10 d'agost, a l'adreça que s'indica més avall, o bé a Prada durant la celebració de la UCE; cal tenir present, però, que el nombre d'assistents és limitat en funció de la capacitat del Liceu. Hi ha servei d'autocars des de València, des de Barcelona i des de Lleida per anar i tornar.

Informació i matrícula (de dilluns a divendres de 10h. a 14 h. i de 16 h. a 18 h.):
> *Universitat Catalana d'Estiu*
> Gran Via de les Corts Catalanes, 600, 3r., 2a.
> *08007 Barcelona*
> Telf.: (343) 317 24 11
> Fax: (343) 317 25 10

AGOST i SETEMBRE

(Lleida)
ÒMNIUM CULTURAL
Cursos de 4 hores setmanals, fetes en dies alterns; s'ofereixen 2 nivells.

Informació i inscripció:
> Òmnium Cultural
> Canonge Brugulat, 6, baixos.
> *25003 Lleida*
> Telf.: (3473) 27 25 84

SETEMBRE

(Barcelona)
SERVEI DE LLENGUA CATALANA
(Universitat de Barcelona)

Cursos de 80 hores —4 hores diàries. S'ofereixen 4 nivells de cursos per a no-catalanoparlants i 3 nivells de cursos per a catalanoparlants. Vegeu la informació en l'apartat corresponent al mes de juliol. Els alumnes d'aquests cursos tenen la possibilitat d'utilitzar el Centre d'Autoaprenentatge.

Informació i inscripció (de 9 h. a 13 h.):
       Secretaria del Servei de Llengua Catalana
       Universitat de Barcelona
       Gran Via de les Corts Catalanes, 585
       08071 Barcelona
       Telf.: (343) 318 42 66, extensions 2506 i 2507
       Fax: (343) 317 95 33

(Sabadell)
ÒMNIUM CULTURAL
Vegeu la informació en l'apartat corresponent al mes de juliol.

Informació i inscripció (de 16 h. a 20 h.):
       Òmnium Cultural
       Illa, 2, 1r.
       08202 Sabadell
       Telf.: (343) 725 07 42
       Fax: (343) 725 07 42

3

BEQUES I BORSES D'ESTUDI

BORSES D'ESTUDI «GENERALITAT DE CATALUNYA»

Vuit borses d'estudi per a estudiants estrangers, dotades amb cinc-centes mil pessetes (500.000) pel Departament de Cultura de la Generalitat de Catalunya, per a una estada de tres mesos (en un sol període) en un territori de llengua catalana a fi d'estudiar qualsevol aspecte de la cultura catalana.

Els aspirants han de ser estudiants universitaris o bé llicenciats o graduats en facultats universitàries o escoles superiors amb una antiguitat no superior a dotze anys. Cal adjuntar a la sol·licitud la documentació següent: 1) una còpia del títol o un certificat oficial universitari; 2) *curriculum vitae*; 3) llista de treballs realitzats, publicats o inèdits, amb una mostra significativa; 4) aval d'un professor universitari o d'escola superior o d'un membre de les associacions de catalanística o de l'Institut d'Estudis Catalans que es responsabilitzi de la capacitat científica del sol·licitant; 5) pla de treball projectat i memòria sobre com es proposa de dur-lo a terme; 6) certificat del sol·licitant en què es comprometi, en cas que li sigui atorgada la borsa, a fer l'estada de tres mesos en el termini màxim d'un any, a partir de la data d'adjudicació; i 7) certificat del sol·licitant en què es comprometi a presentar una memòria del treball fet, dins el mes següent a la terminació de l'estada.

Termini d'admissió de les sol·licituds: 31 de desembre.
Adjudicació de les borses: 15 de març.
Per a més informació consulteu els opuscles publicats anualment per l'Institut d'Estudis Catalans: *Cartell de Premis, de Borses d'Estudi i de Premis per a Estudiants*.

Borses d'Estudi de la Generalitat de Catalunya
IEC
Carme, 47
08001 Barcelona

PROGRAMA DE PROJECCIÓ EXTERIOR «CONGRÉS DE CULTURA CATALANA»

Els destinataris d'aquest programa, als quals es convida a presentar els seus projectes, són les organitzacions que agrupin catalanòfils d'un o més Estats i els centres universitaris (o altres institucions) que ofereixin estudis catalans. Cada projecte haurà d'incloure *dues* de les activitats següents —entre d'altres de possibles— a desenvolupar en un curs acadèmic o natural:

a) la visita d'un eminent estudiós de qualsevol dels Països Catalans per tal de fer-hi conferències; *b*) la subvenció parcial de publicacions científiques; i *c*) borses d'estudi per tal que els estudiants puguin traslladar-se als Països Catalans.

Condicions:

a) *Cicle de conferències*: La institució invitarà al seu país un eminent estudiós de qualsevol dels Països Catalans per fer-hi un cicle de tres o més conferències, o equivalent, sobre la seva especialitat (normalment dins el camp de les ciències humanes i socials). Com a mínim una d'aquestes conferències es farà a la seu de la institució. Tindran preferència els projectes que contemplin donar una certa continuïtat i periodicitat a aquestes visites.

b) *Publicacions*: Podran ser subvencionades publicacions científiques, periòdiques o no, que ajudin a divulgar la realitat catalana en el país o països corresponents, i que puguin fomentar la recerca i els intercanvis científics amb els Països Catalans. Aquestes publicacions seran normalment o bé en la llengua del país en qüestió o bé bilingües. El límit màxim de la subvenció és de 300.000 ptes. per obra, i normalment no es podrà subvencionar més del 20 % del cost de la publicació.

c) *Borses d'estudi*: Amb aquestes ajudes, joves universitaris podran viatjar a qualsevol dels Països Catalans per tal de matricular-se en algun curs de català reconegut, durant els mesos d'estiu. Normalment no podran ser més de sis els becats presentats per cada institució anualment. Es concediran 50.000 ptes. per estudiant, però l'ajuda pot ser superior si el preu de la tarifa reduïda d'avió és superior a 40.000 ptes. El pagament (que es farà a la institució) es farà en dues meitats, una en el moment de la concessió, i l'altra un cop rebuda a la Fundació la certificació d'assistència emesa per l'organisme organitzador del curs.

Terminis:

Convé que els interessats presentin les seves propostes en el primer trimestre de cada curs acadèmic, i que les activitats proposades (que no cal que es limitin a les esmentades) ocupin l'any natural o el curs acadèmic següent.

Per a més informació i per trametre-hi les peticions:

Sr. President
Fundació Congrés de Cultura Catalana
Mallorca, 283
08037 Barcelona
Telfs.: (343) 215 87 98
      (343) 215 91 49

4

La llengua catalana i els programes d'intercanvi d'estudiants (ERASMUS, TEMPUS, etc.). Algunes consideracions sobre el paper dels lectorats de català

Els programes d'intercanvi d'estudiants universitaris ofereixen cada any, a un bon nombre d'estudiants estrangers, la possibilitat de passar un curs —o part d'un curs— en alguna universitat dels Països Catalans, cosa que en molts dels casos suposa també la descoberta de la llengua i la cultura catalanes. No cal dir que els respectius serveis de llengua catalana de les nostres universitats ofereixen cursos intensius i gratuïts per a aquests estudiants. Però és molt important que aquests estudiants arribin a les universitats de destinació, com a mínim, amb una informació prèvia, que la descoberta no es produeixi per sorpresa en arribar. La sorpresa, en general, és viscuda com a un gran inconvenient suplementari i provoca rebuig. I aquest rebuig, a més, sovint posa en perill els encara migrats avenços de la normalització lingüística en la docència universitària catalana.

Els departaments universitaris d'arreu d'Europa que ofereixen cursos de llengua catalana —tant si és per mitjà d'un lectorat com si no— tenen una gran tasca a fer per tal d'evitar que s'arribi a aquest tipus de situacions. És molt important que aquestes universitats organitzin cursos intensius de català per als seus becaris ERASMUS, TEMPUS, etc. —de vegades els programes preveuen ajuts econòmics per a la preparació lingüística dels becaris— o, si això no fos possible, que obrin els seus cursos habituals als becaris ERASMUS, TEMPUS, etc. d'altres departaments, facultats o escoles. En qualsevol cas, cal informar els becaris abans que es desplacin a les universitats de destinació, fer-los veure que no se'ls demana que «sàpiguen» dues llengües (català i espanyol) sinó que n'hi ha prou que en sàpiguen una i entenguin l'altra, que això no és gens difícil perquè es tracta de dues llengües romàniques veïnes i que el petit esforç lingüístic que hauran de fer els compensarà sobradament perquè l'estada als Països Catalans els resultarà incomparablement més enriquidora en molts aspectes. Evidentment, el testimoni d'antics becaris resultarà fonamental per estimular els nous.

Pel que fa a la llista de lectorats, la Comissió de promoció de l'ensenyament del català a les universitats de fora de l'àmbit territorial de Catalunya va publicar el novembre de 1990, en versió provisional, l'opuscle *Lectorats, Casals i Institucions. Centres on s'ensenya català al món.* Se'n publicarà una nova edició més completa i actualitzada fins al desembre de 1992.

5

SUBVENCIONS A TRADUCCIONS

*Subvencions a empreses editorials estrangeres per a l'edició
o promoció de traduccions a altres llengües d'obres literàries
en llengua catalana*

Poden optar-hi les empreses editorials estrangeres que tinguin programada la publicació de traduccions d'obres literàries en llengua catalana a la llengua del seu àmbit.

A les sol·licituds s'hi haurà de fer constar: 1) nom, adreça i telèfon de la persona que signa la petició; 2) extensió de la traducció expressada en folis de 1800 pulsacions/pàgina; 3) cost per pàgina traduïda; 4) quantitat total de l'ajut que es demana; 5) dades bancàries de l'empresa que fa la sol·licitud; 6) tiratge de la primera edició; 7) data prevista, aproximadament, d'aparició del llibre; 8) en cas de coedició, el nom de les altres entitats participants; 9) nom del traductor; 10) edició a partir de la qual es farà la traducció; 11) còpia del contracte d'edició amb la propietat intel·lectual de l'obra, en cas que els drets d'autor siguin vigents; 12) còpia del contracte subscrit amb el traductor; 13) *curriculum* breu del traductor; 14) catàleg de l'editorial o de la col·lecció on es vol publicar l'obra; 15) compromís que es farà constar a la pàgina de crèdits la col·laboració de la Institució de les Lletres Catalanes; 16) compromís que es farà constar a la portada del llibre subvencionat l'especificació «Traduït del català per (nom del traductor)»; i 17) compromís de fer arribar a la Institució de les Lletres Catalanes, amb posterioritat a la publicació de l'obra, el dossier de premsa que pugui generar la seva difusió.

Les empreses interessades hauran de formalitzar la seva sol·licitud mitjançant una instància adreçada al director de la Institució de les Lletres Catalanes, que també es podrà presentar a la seu de qualsevol dels serveis territorials del Departament de Cultura de la Generalitat de Catalunya, fins al 30 de novembre.

En casos especials, per l'extensió de l'obra, per la seva complexitat o pel seu interès, la ILC podrà establir una col·laboració continuada mitjançant la signatura d'un conveni que estableixi els ajuts de la ILC i els compromisos de l'editor. Els pagaments d'aquests ajuts no s'hauran d'atenir necessàriament al fraccionament del pagament que s'hagi establert.

Qualsevol modificació en el projecte editorial presentat haurà de notificar-se per escrit a la ILC. La ILC haurà de valorar la modificació, que es considerarà acceptada si la ILC no es manifesta en sentit contrari en el termini d'un mes hàbil. Els canvis que no hagin complert aquests requisits seran considerats com a incompliment de l'adjudicatari.

L'atorgament de les subvencions es tramitarà a mesura que es vagin rebent les sol·licituds, i l'import serà l'equivalent del canvi oficial de la moneda espanyola vigent en el dia de la concessió de l'ajut, la qual cosa es comunicarà per escrit al beneficiari. A partir d'aquest moment, s'iniciaran els tràmits per al pagament del 30 % de l'ajut concedit. El pagament del 70 % restant es començarà a tramitar contra el lliurament gratuït de 20 exemplars del llibre. Aquest lliurament s'haurà d'efectuar abans del 30 de novembre de l'any següent.

En el cas excepcional que no sigui possible rebre en el termini fixat els exemplars esmentats, es podrà autoritzar l'ajornament, sempre que s'acrediti que s'ha dut a terme la traducció i s'especifiqui la fase del procés d'edició en què es troba.

Hom disposa de les versions alemanya, anglesa, espanyola, francesa i italiana de les bases.

Per a més informació, adreceu-vos a:
Institució de les Lletres Catalanes
Passeig de Gràcia, 41, 2n., 1a.
08007 Barcelona
Telf.: (343) 488 08 00
Fax: (343) 216 01 25

6

PREMIS DE PROJECCIÓ INTERNACIONAL

PREMI «CATALÒNIA»

Ofert a un investigador estranger estudiós de les terres catalanes o de qualsevol aspecte de la seva cultura. Les candidatures han de ser presentades per un membre d'acadèmies o de societats sàvies nacionals o estrangeres o per un professor universitari, acompanyades d'un breu *curriculum vitae* de la persona candidata i de la seva bibliografia referent a Catalunya. La dotació és de cinc-centes mil pessetes (500.000). Per a més informació consulteu els opuscles publicats anualment per l'Institut d'Estudis Catalans: *Cartell de Premis, de Borses d'Estudi i de Premis per a Estudiants.*

Institut d'Estudis Catalans
Carme, 47
08001 Barcelona

PREMI INTERNACIONAL «RAMON LLULL»
    Convocat conjuntament per l'Institut d'Estudis Catalans i per la Fundació Congrés de Cultura Catalana, està dedicat a homenatjar persones o institucions d'arreu del món que s'han distingit pels seus estudis o per la promoció de la realitat històrico-cultural catalana. La dotació és de dos milions de pessetes (2.000.000). Per a més informació consulteu els opuscles publicats anualment per l'Institut d'Estudis Catalans: *Cartell de Premis, de Borses d'Estudi i de Premis per a Estudiants.*

Institut d'Estudis Catalans
Carme, 47
08001 Barcelona

7

EL CERTIFICAT INTERNACIONAL DE CATALÀ (CIC)

    Es tracta d'un certificat destinat als estudiants de català com a llengua estrangera, expedit per la Generalitat de Catalunya —la qual és membre fundador de l'Association of Language Testers in Europe (ALTE)— a través de la Direcció General de Política Lingüística. Actualment s'ofereixen dos nivells: el nivell bàsic (abans anomenat nivell elemental) i el nivell llindar (abans anomenat nivell de certificat). Posteriorment el nombre de nivells serà incrementat.

A partir de la primavera de 1993, la International Certificate Conference (ICC) —organisme dedicat a l'ensenyament de llengües estrangeres als adults— incorporarà el català. Naturalment, la Direcció General de Política Lingüística continuarà fent convocatòries del CIC en aquelles ciutats on no les organitzi la ICC. Com és lògic, els certificats expedits per la ICC i els que ho siguin per la DGPL seran perfectament homologables.

En la darrera convocatòria (maig 1992) van celebrar-se proves del CIC a Brussel·les, Budapest, Frankfurt, Lió, Liverpool, Londres, Madrid, Nàpols, París, Perpinyà i Praga, amb un total de 212 persones inscrites i 203 de presentades.

L'ALTE farà pròximament una publicació informativa sobre els diferents certificats dels diferents idiomes, on s'exposaran els objectius de cadascun i es farà una descripció de les proves.

Informació general:
Certificat Internacional de Català
Direcció General de Política Lingüística
Mallorca, 272, 9è.
08037 Barcelona
Telf.: (343) 482 56 00
Fax: (343) 216 04 55

8

MÀSTER EN FORMACIÓ DE PROFESSORS DE CATALÀ
COM A LLENGUA ESTRANGERA (C/LE)

És organitzat pel Departament de Didàctica de la llengua i la literatura de la Universitat de Barcelona, en col·laboració amb la Direcció General de Política Lingüística del Departament de Cultura de la Generalitat de Catalunya.

La durada del màster és de dos cursos acadèmics i l'horari de classes és de 9 h. a 14 h., de dilluns a divendres. La pre-inscripció és oberta de l'1 de juliol al 15 de setembre.

Informació i pre-inscripció:
Secretaria del Màster en Formació de Professors
de Llengües Estrangeres
Divisió de Ciències de l'Educació
UNIVERSITAT DE BARCELONA
Baldiri i Reixach, s/n.
08028 Barcelona
Telfs.: (343) 334 92 14 i 334 90 08
Fax: (343) 334 91 93

9

La Comissió de promoció de l'ensenyament del català a les universitats de fora de l'àmbit territorial de Catalunya i els lectorats de català

Mitjançant una Ordre de 20 de gener de 1988, el Govern de la Generalitat de Catalunya va crear la Comissió de promoció de l'ensenyament del català a les universitats de fora de l'àmbit territorial de Catalunya. Aquesta Comissió és formada pel President, el Director General d'Universitats i el Director General de Política Lingüística —vice-presidents—, el Sub-Director General d'Universitats, el cap del Servei d'Assessorament Lingüístic de la DGPL, tres professors universitaris —nomenats pel CIC—, el director del COPEC i un secretari tècnic —sense vot.

Les funcions bàsiques de la Comissió són les següents:

a) centralitzar la informació, les demandes i els suggeriments sobre el manteniment, la creació o la supressió de lectorats de català,

b) establir les actuacions necessàries i les prioritats corresponents pel que fa al suport econòmic als esmentats lectorats així com encarregar l'execució i la gestió de les actuacions acordades,

c) fixar les prioritats per a la creació, mitjançant la fórmula que es consideri adient, de lectorats de català a les universitats estrangeres més reconegudes,

d) actuar com a interlocutor per a aquests temes amb altres administracions públiques i entitats privades de l'Estat espanyol, i

e) coordinar amb les universitats catalanes, mitjançant els seus representants a la Comissió, les iniciatives, convenis i activitats que aquestes realitzin en aquest camp.

L'objectiu fonamental de la Comissió és, doncs, la consolidació i l'extensió de l'ensenyament de la llengua i la cultura catalanes a les universitats de fora de l'àrea lingüística catalana.

A més de proveir les places de lector (de nova creació o vacants), prèviament tretes a concurs públic a través del DOGC, i de fornir gratuïtament una sèrie de materials didàctics (mètodes d'aprenentatge, diccionaris, gramàtiques, llibres de lectura, materials àudiovisuals de tipus cultural, etc.) els centres universitaris que duen a terme un ensenyament regular del català, la Comissió organitza anualment unes Jornades Internacionals per a Professors de Català per tal de tenir cura de la formació i el reciclatge dels lectors. Vegeu A. Bover i Font, *L'actual promoció del català a les universitats estrangeres*, «Serra d'Or» (novembre 1990), 21-22.

La Comissió ha publicat, amb caràcter provisional, un parell d'opuscles: *Marc orientatiu per als estudis de català fora del seu domini lingüístic: Lectorats, Casals i Institucions* (Barcelona, Generalitat de Catalunya, [1989]), on s'ofereixen una sèrie d'orientacions bàsiques per tal de facilitar la tasca dels lectors en les universitats de destinació, i *Lectorats, Casals i Institucions. Centres on s'ensenya català al món (Versió provisional. Novembre 1990)* (Barcelona, Generalitat de Catalunya, 1990), amb la llista dels centres d'arreu del món on es pot aprendre català. Actualment la Comissió n'està preparant les noves edicions, corregides, augmentades i actualitzades.

Comissió de promoció de l'ensenyament del català a les universitats de fora de l'àmbit territorial de Catalunya
Tapineria, 10, 3r.
08002 Barcelona
Telf.: (343) 310 22 63
Fax: (343) 310 73 22

10

INSTITUCIONS I SERVEIS

Comissionat per a Universitats i Recerca (CUR)
Organisme creat el 1992 per la Generalitat de Catalunya per tal de coordinar l'ensenyament universitari i les diverses activitats i pro-

jectes en els camps de la recerca científica i de la innovació tecnològica. Té un sistema d'ajuts a la recerca i de borses de viatge a l'estranger.

Informació:
CUR
Tapineria, 10, 3r
08002 Barcelona
Telf.: (343) 310 22 63
Fax: (343) 310 73 22

Institució de les Lletres Catalanes (ILC)
Es tracta d'una entitat autònoma de la Generalitat de Catalunya destinada a promoure la literatura catalana a dintre i a fora de Catalunya. En aquest sentit concedeix anualment una sèrie d'ajuts, beques i subvencions (vegeu, per exemple, l'apèndix 5).

Des de 1988 edita la revista «Catalan Writting», en llengua anglesa, on en cada número s'acostuma a presentar un autor i es fan ressenyes de llibres.

Ofereix, en diversos idiomes, l'exposició portàtil 800 anys de literatura catalana, que ha circulat ja per diferents països i de la qual se n'ha publicat el catàleg en alemany (1991), hongarès (1992), italià (1992), japonès (1991) i neerlandès (1992) i és a punt d'aparèixer en francès; tots aquests catàlegs inclouen bibliografia, les referències de les obres literàries catalanes traduïdes a aquell idioma i un capítol dedicat a les relacions entre la cultura catalana i la del país corresponent.

Ha publicat el repertori d'autors vivents d'obres de creació literària en llengua catalana *Qui és qui a les lletres catalanes* (Barcelona, ILC, 1991).

Està realitzant un banc de dades informàtic que ha de recollir totes les edicions d'obres literàries catalanes traduïdes a d'altres llengües. En el futur, les dades d'aquest banc constituiran una publicació, per bé que amb motiu de la Fira del Llibre de Frankfurt de 1992 la ILC n'ha fet conèixer una mostra provisional: *Catalan Literature Abroad. From 1989 until the present* (Barcelona, ILC, 1992), i n'és a punt d'aparèixer una altra, en català, que incorpora les traduccions publicades el 1992.

Informació:

Institució de les Lletres Catalanes
Passeig de Gràcia, 41, 2n., 1a.
08007 Barcelona
Telf.: (343) 488 08 00
Fax: (343) 216 01 25

Associació d'Escriptors en Llengua Catalana

Fundada l'any 1977, s'ocupa de la defensa professional dels escriptors, de la promoció de la literatura catalana, de les relacions amb els organismes autònoms i de les relacions amb l'estranger. És membre de la Conferència Europea d'Associacions d'Escriptors.

Informació:

Associació d'Escriptors en Llengua Catalana
Ateneu Barcelonès
Canuda, 6, 5è.
08002 Barcelona
Telf.: (343) 302 78 28
Fax: (343) 302 78 28

Centre Català del PEN Club International

Va ser fundat l'any 1921, vegeu Josep Sebastià Cid, *El Centre Català del PEN. 70 anys d'història* (Barcelona, Centre Català del PEN Club/Ajuntament de Barcelona, 1992). [Amb traducció anglesa i francesa].

Informació:

Centre Català del PEN Club
Ateneu Barcelonès
Canuda, 6, 5è.
08002 Barcelona
Telf.: (343) 318 32 98
Fax: (343) 318 32 98

Associació d'Editors en Llengua Catalana

Fundada a Barcelona l'any 1978, defensa, promou i difon l'edició de llibres en llengua catalana. Organitza exposicions del llibre català dintre i fora dels Països Catalans.

150

Informació:
Associació d'Editors en Llengua Catalana
València, 279
08009 Barcelona
Telf.: (343) 215 50 91
Fax: (343) 215 52 73

Programa de Difusió de Material Audiovisual

A través d'aquest programa, el Departament de Cultura de la Generalitat de Catalunya pot fer arribar vídeos (VHS) a les universitats que ho desitgin, en alguns casos com a donació i en general en servei de préstec. D'alguns vídeos n'hi ha versions en diversos idiomes.

Hi ha tres col·leccions: *Teatre català* (on s'inclouen tots els espectacles realitzats pel Centre Dramàtic de la Generalitat de Catalunya), *Roda el món* (versions catalanes de material procedent d'institucions d'altres països, sobre art, ambient, cultura tradicional o aspectes geogràfics) i *Conèixer Catalunya* (sobre antropologia, història, home i natura o art).

El catàleg del servei de préstec s'actualitza periòdicament i es tramet a tots els inscrits al programa.

Informació:
Programa de Difusió de Material Audiovisual
Departament de Cultura
Rambla de Santa Mònica, 14, entresol
08002 Barcelona
Telf.: (343) 412 03 88
Fax: (343) 302 17 81

Centre UNESCO de Catalunya

Des de 1987, publica la revista bimensual il·lustrada «Catalònia. Culture», en tres edicions bilingües: anglès-català, espanyol-català i francès-català.

Informació:
Centre UNESCO de Catalunya
Mallorca, 285, pral., 2a.
08037 Barcelona
Telf.: (343) 207 58 05
Fax: (343) 257 58 51

Institut de Projecció Exterior de la Cultura Catalana (IPECC)
Entitat privada sorgida de l'àmbit de Projecció Exterior de la Cultura Catalana, del Congrés de Cultura Catalana. Dóna suport a la projecció exterior d'activitats culturals i convoca anualment els premis «Batista i Roca», destinats als catalans de l'exterior.

Informació:
>IPECC
>Bonavista, 10, pral., 1a.
>*08012 Barcelona*
>Telf.: (343) 217 74 48
>Fax: (343) 217 74 48

Acció Cultural del País Valencià
Fundada l'any 1978, aquesta associació es dedica a l'estudi, la defensa i la promoció del patrimoni cultural, artístic i natural del País Valencià.

Informació:
>Acció Cultural del País Valencià
>Moratín, 15
>*46002 València*
>Telf.: (346) 351 17 27
>Fax: (346) 351 17 88

Obra Cultural Balear
Fundada l'any 1962, es dedica a promoure la cultura pròpia de les Illes Balears. Edita la revista «El Mirall».

Informació:
>Obra Cultural Balear
>Impremta, 1
>*07001 Palma de Mallorca*
>Telf.: (3471) 72 32 99
>Fax: (3471) 71 93 85

Òmnium Cultural
Fundada l'any 1961, es dedica a la defensa i promoció de la cultura catalana en l'àmbit del Principat de Catalunya. Compta, també,

amb una delegació a Perpinyà (Catalunya del Nord). Vegeu: *Òmnium Cultural: 1961-1986* (Barcelona, Òmnium Cultural, 1986).

Informació:
>Òmnium Cultural
>Montcada, 20, pral.
>*08003 Barcelona*
>Telf.: (343) 319 80 50
>Fax: (343) 310 69 00

[L'Acció Cultural del País Valencià, l'Obra Cultural Balear i Òmnium Cultural, juntament amb altres entitats, han constituït *Llull* (Federació d'Entitats Culturals dels Països Catalans); la seu és la de l'Obra Cultural Balear].

Consorci Català de Promoció Exterior de la Cultura (COPEC)
La finalitat d'aquest consorci és la de facilitar l'accés als mercats internacionals a les empreses culturals catalanes i, alhora, impulsar l'establiment d'acords internacionals que promoguin els intercanvis culturals en el marc regional.

Informació:
>COPEC
>Ronda Universitat, 17, principal 3a.
>*08007 Barcelona*
>Telf.: (343) 318 98 61
>Fax: (343) 317 98 86

Patronat Català Pro Europa
Aquest patronat es dedica a l'organització, promoció i coordinació d'activitats relacionades amb les comunitats i altres organitzacions europees.

Informació:
>Patronat Català Pro Europa
>Bruc, 50, 2n.
>*08010 Barcelona*
>Telf.: (343) 318 26 26
>Fax: (343) 318 73 56

Consorci de Promoció Turística de Catalunya
S'ocupa de la promoció i el suport del sector turístic. Participa i ofereix assistència tècnica al sector en els mercats turístics.

Informació:
> Consorci de Promoció Turística de Catalunya
> Tuset, 18, 2n., 2a.
> *08006 Barcelona*
> Telf.: (343) 237 98 83
> Fax: (343) 238 19 55

Altres serveis d'informació turística:
Sindicat d'Iniciatives de les Valls d'Andorra
> Dr. Vilanova, s/n.
> *Andorra la Vella*
> Telf.: (34 738) 20 214 [A través del servei telefònic espanyol].
> (33 628) 20 214 [A través dels servei telefònic francès].

Consell Insular de Mallorca
> Palau Reial, 1
> *07001 Palma de Mallorca*
> Telf.: (3471) 17 35 00

Consell Insular de Menorca
> Camí des Castell, 28
> *07702 Maó*
> Telf.: (3471) 35 15 15

Consell Insular d'Eivissa i Formentera. Oficina de Turisme
> Vara de Rey, 13
> *07800 Eivissa*
> Telf.: (3471) 30 19 00

Oficina d'Informació Turística de la Generalitat Valenciana
> Pau, 48
> *46003 València*
> Telf.: (346) 352 40 00

Comitè Departamental de Turisme Pirineu-Rosselló
      B.P. 540
      66005 Perpinyà Cedex (Rep. Francesa)
      Telf.: (33) 68 34 29 94
      Fax: (33) 68 34 71 01

11

DEPARTAMENTS DE FILOLOGIA CATALANA DE LES UNIVERSITATS DELS PAÏSOS
CATALANS. ALTRES CENTRES I GRUPS DE RECERCA I BANCS DE DADES

Departament de Filologia Catalana
      Facultat de Filosofia i Lletres
      UNIVERSITAT D'ALACANT
      Apartat de Correus 99
      03080 Alacant
      Telf.: (346) 590 34 00
      Fax: (346) 590 34 49

Departament de Filologia Catalana
      UNIVERSITAT AUTÒNOMA DE BARCELONA
      Edifici B
      08193 Bellaterra
      Telf.: (343) 581 13 68
      Fax: (343) 581 20 01

Departament de Filologia Catalana
      UNIVERSITAT DE BARCELONA
      Gran Via de les Corts Catalanes, 585
      08071 Barcelona
      Telf.: (343) 318 42 66
      Fax: (343) 317 59 92

Departament de Filologia Catalana
UNIVERSITAT DE GIRONA
Plaça de Sant Domènec, 9
17071 Girona
Telf.: (3472) 41 80 18
Fax: (3472) 41 80 32

Departament de Filologia Catalana
UNIVERSITAT DE LES ILLES BALEARS
Edifici Ramon Llull
Carretera de Valldemossa, km. 7'5
07071 Palma de Mallorca
Telf.: (3471) 17 30 01
Fax: (3471) 17 34 73

Departament de Filologia Catalana
UNIVERSITAT «JAUME I»
Apartat de Correus 224
12080 Castelló de la Plana
Telf.: (3464) 34 57 00
Fax: (3464) 34 57 15

Departament de Filologia Catalana
UNIVERSITAT DE LLEIDA
Apartat de Correus 471
25080 Lleida
Telf.: (3473) 70 20 00
Fax: (3473) 26 61 99

CREC
UNIVERSITAT DE PERPINYÀ
Camí de la Passió Vella
66025 Perpinyà
Telf.: (33) 68 50 25 85
Fax: (33) 68 66 20 19

Departament de Filologia Catalana
UNIVERSITAT «ROVIRA I VIRGILI»
Plaça Imperial Tarraco, s/n.
43005 Tarragona
Telf.: (3477) 22 52 54
Fax: (3477) 24 33 19

Departament de Filologia Catalana
UNIVERSITAT DE VALÈNCIA
Avinguda Blasco Ibàñez, 28
46010 València
Telf.: (346) 386 42 30
Fax: (346) 386 42 55

[El Departament de Filologia Catalana de la Universitat de Barcelona prepara la publicació del recull dels plans d'estudi de tots aquests Departaments més els d'algunes universitats estrangeres].

Altres centres i grups de recerca:
Raimundus Lullus Institut
Fundat l'any 1957 pel professor Friedrich Stegmüller, el «Raimundus Lullus Institut» de la Universitat de Friburg (Alemanya) té com a principal objectiu l'edició de les obres llatines de Ramon Llull. Però al voltant d'aquest projecte ha sorgit un centre d'investigació medievalista que ha esdevingut un punt de referència i de contacte per al lul·lisme internacional. Vegeu Friedrich Stegmüller, *Das Raimundus Lullus Institut der Theologischen Fakultät der Universität Freiburg i. Br.*, «Spanische Forschungen der Görresgesellschaft», I 15 (1960), 246-250, i, especialment, Fernando Domínguez Reboiras, *El «Raimundus Lullus Institut» de la Universitat de Friburg (Alemanya)*, «Estudis de Llengua i Literatura Catalanes», V [=*El català a Europa i a Amèrica*] (1982), 131-153.

Bancs de dades
Banc de dades bibliogràfic de llengua i literatura catalanes
Sota la direcció de Jordi Castellanos, el Departament de Filologia Catalana de la Universitat Autònoma de Barcelona està realitzant un banc de dades bibliogràfic que consta de dues grans seccions: un CA-

157

TÀLEG ANALÍTIC DE REVISTES, on es fitxen sistemàticament —amb indexació temàtica— les revistes culturals i literàries catalanes més importants del segle xx, i un ANUARI BIBLIOGRÀFIC, on es fa la catalogació i indexació temàtica dels estudis que s'han anat publicant —a partir de 1988— sobre llengua i literatura catalanes, o de crítica i lingüística que s'hi relacionin; en aquest cas es fa un fitxatge temàtic de material publicat en forma de llibre, part de llibre o article de miscel·lània o de revista. Vegeu Jordi Castellanos, *Bibliografia catalana*, «Llengua & Literatura», 4 (1990-1991), 575-578.

Servei d'Informació Bibliogràfica
Departament de Filologia Catalana
Edific B
Universitat Autònoma de Barcelona
08193 Bellaterra

Arxiu de textos catalans medievals

El Departament d'Espanyol i Portuguès de la Universitat de Manchester, juntament amb la Universitat Autònoma de Barcelona, han posat en marxa un projecte informatitzat d'*Arxiu de textos catalans medievals* amb vista a confeccionar un fons de textos apte per a una sèrie d'anàlisis informàtiques que permetin acostar-se amb major precisió a la interpretació i organització de les dades paleogràfiques, textuals i lingüístiques proporcionades pels manuscrits originals. Per això inviten tots els interessats a trametre'ls els textos (informatitzats o no) de qualsevol document medieval que puguin estar transcrivint; en el cas que els textos a trametre estiguin informatitzats caldrà que se segueixin les normes explicades en l'article que se cita més endavant. L'arxiu de textos catalans medievals serà a l'abast de tots els estudiosos interessats en qualsevol de les moltes qüestions a les quals aquest arxiu podrà respondre, i obert a totes les investigacions que es puguin fer en aquest camp. Vegeu Joan Torruella i Casañas i Jeremy N. H. Lawrance, *Un projecte d'arxiu informatitzat de textos catalans medievals: algunes normes*, «Llengua & Literatura», 3 (1988-1989), 481- 506.

Hom pot adreçar-se a: MFPXXJL@UK.A.C.UMRCC.CMS
(accessible via xarxa electrònica JANET, Rutherford Appleton Gateway).

Lògicament, hom pot trobar llibres i documents referents a la llengua i a la literatura catalanes en els principals arxius i biblioteques d'Europa i de l'Amèrica del Nord. Però, com també és lògic, la major part del material roman a l'interior dels Països Catalans. A continuació facilito les referències dels arxius i biblioteques més freqüentats pels investigadors.

Barcelona

Arxiu de la Corona d'Aragó
      Comtes de Barcelona, 2
      08002 Barcelona
      Telf.: (343) 315 02 11

Biblioteca de l'Ateneu Barcelonès
      Canuda, 6
      08002 Barcelona
      Telf.: (343) 317 49 04
      [Oberta només per als socis].

Biblioteca de Catalunya
      Carme, 47
      08001 Barcelona
      Telf.: (343) 317 07 78
      Fax: (343) 318 66 70

Biblioteca del Col·legi Notarial i Arxiu Històric de Protocols de Barcelona
      Notariat, 4
      08001 Barcelona
      Telf.: (343) 317 48 00

Biblioteca de la Institució Milà i Fontanals - CSIC
Egipciaques, 15
08001 Barcelona
Telf.: (343) 242 34 89

Biblioteca de l'Institut Municipal d'Història
(Casa de l'Ardiaca)
Santa Llúcia, 1
08002 Barcelona
Telf.: (343) 318 11 95

Biblioteca de l'Institut del Teatre
Nou de la Rambla, 3-5
08001 Barcelona
Telf.: (343) 317 39 74

Biblioteca Figueras
Centre d'Estudis d'Història Contemporània
Marquès de Sentmenat, 35-37
08014 Barcelona

Biblioteca Pública «Arús»
Passeig de Sant Joan, 26
08010 Barcelona
Telf.: (343) 232 54 04

Biblioteca de la Reial Acadèmia de Bones Lletres de Barcelona
Bisbe Cassador, 3
08002 Barcelona
Telf.: (343) 315 00 10

Biblioteca de la Universitat de Barcelona
Gran Via de les Corts Catalanes, 585
08071 Barcelona
Telf.: (343) 318 42 66
Fax: (343) 317 06 89

Maó (Menorca)

Biblioteca de l'Ateneu Científic, Literari i Artístic
    Comte de Cifuentes, 25
    07703 Maó (Menorca)
    Telf.: (3471) 36 05 53

Montserrat

Biblioteca
    08699 Abadia de Montserrat
    Telf.: (343) 835 02 51
    Fax: (343) 828 40 49

Palma de Mallorca

Arxiu del Regne de Mallorca
    Ramon Llull, 3
    07001 Palma de Mallorca
    Telf.: (3471) 72 59 99

Biblioteca de la Fundació «Bartolomé March Servera»
    Conqueridor, 13
    07001 Palma de Mallorca
    Telf.: (3471) 72 58 03

Biblioteca Pública
    Ramon Llull, 3
    07001 Palma de Mallorca
    Telf.: (3471) 71 52 39

Biblioteca de la Real
    Monestir de Sant Bernat - «La Real» (Missioners dels Sagrats Cors)
        Camí veïnal de la Real, 3
        07010 Palma de Mallorca
        Telf.: (3471) 25 04 95

Biblioteca de la Societat Arqueològica Lul·liana
Monti-sion, 9
07001 Palma de Mallorca
Telf.: (3471) 71 39 12

Perpinyà

Arxiu Departamental dels Pirineus Orientals
Avinguda de Vilanova
BP 948
66020 Perpinyà
Telf.: (33) 68 54 60 39

Biblioteca del CDACC
42, Avinguda de la Gran Bretanya
66000 Perpinyà
Telf.: (33) 68 34 11 70

Biblioteca Municipal
15, carrer Émile Zola
66000 Perpinyà
Telf.: (33) 68 66 30 22

Biblioteca de la Universitat de Perpinyà
Avinguda de Vilanova
BP 1062
66010 Perpinyà
Telf.: (33) 68 50 07 63

Reus

Biblioteca del Centre de Lectura
Major, 15
43201 Reus
Telf.: (3477) 30 41 43

València

Arxiu del Regne de València
    Albereda, 22
    46010 València
    Telf.: (346) 360 34 31

Biblioteca Pública Municipal «Serrano Morales»
    Plaça de l'Ajuntament, 1
    46001 València
    Telf.: (346) 352 54 78

Biblioteca de San Juan de Ribera
    Seminari del Corpus Christi «El Patriarca»
    La Nau, 1
    46003 València
    Telf.: (346) 321 42 09

Biblioteca de la Universitat de València
    La Nau, 2
    46003 València
    Telf.: (346) 351 17 37

Hemeroteca Pública Municipal
    Plaça Magúncia, 1
    46018 València
    Telf.: (346) 350 11 00

13

INSTITUTS ESTRANGERS DE CULTURA ESTABLERTS
ALS PAÏSOS CATALANS

Centre d'Estudis Brasilers
    Passeig de Gràcia, 41
    08007 Barcelona
    Telf.: (343) 215 64 86

Institut Alemany de Cultura (Goethe Institut)
Gran Via de les Corts Catalanes, 591
08007 Barcelona
Telf.: (343) 317 38 86

Centre Alemany (Goethe Institut)
Avinguda Maria Cristina, 3
46001 València
Telf.: (346) 351 17 02

Institut Britànic (The British Council)
Amigó, 83
08021 Barcelona
Telf.: (343) 209 63 88
Fax: (343) 202 31 68

Institut Britànic (The British Council)
Goethe, 1, 1r.
07011 Palma de Mallorca
Telf.: (3471) 45 48 55
Fax: (3471) 28 50 09

Institut Britànic (The British Council)
General San Martín, 7
46004 València
Telf.: (346) 352 98 74
Fax: (346) 352 86 88

Institut d'Estudis Nord-Americans
Via Augusta, 123
08006 Barcelona
Telf.: (343) 209 27 11
Fax: (343) 202 06 90

Institut Francès de Barcelona
        Moià, 8-12
        08006 Barcelona
        Telf.: (343) 209 59 11

Institut Francès de València
        San Valero, 7
        46005 València
        Telf.: (346) 373 04 00

Institut Italià de Cultura
        Passatge Méndez Vigo, 5
        08009 Barcelona
        Telf.: (343) 317 31 74

Centre «Giacomo Leopardi»
        Micer Mascó, 6, 2n.
        46010 València
        Telf.: (346) 362 17 11

14

ASSOCIACIONS I ENTITATS D'AMISTAT AMB ALTRES PAÏSOS

Amics d'Amèrica [EUA]
        Apartat de Correus 163
        08360 Canet de Mar

Associació Catalunya-Quebec
        Fontanella, 15, 2n., 2a.
        08010 Barcelona

Associació Cultural Catalano-Hongaresa i de Relacions Culturals Hongria-Catalunya
> Via Augusta, 119, 5è., 2a.
> *08006 Barcelona*
> Telf.: (343) 209 20 67

Associació d'Amistat Catalano-Xinesa
> Modolell, 29
> *08021 Barcelona*

Associació de Relacions Culturals Catalunya-Israel
> Apartat de Correus 5218
> *08080 Barcelona*

Associació França-Catalunya
> Comerç, 46
> *08003 Barcelona*

Associació Japonesa d'Amistat amb Catalunya
> Tenor Massini, 102, entresol 4a.
> *08028 Barcelona*
> Telf.: (343) 411 15 12
> Fax: (343) 411 15 50

Boston Barcelona Sister City Association
> Servei de Projecció Internacional de l'Ajuntament de Barcelona
> Plaça de Sant Jaume, s/n.
> *08002 Barcelona*

Centre UNESCO de Catalunya
> Mallorca, 285, pral., 2a.
> *08037 Barcelona*
> Telf.: (343) 207 58 05
> Fax: (343) 257 58 51

Cercle d'Agermanament Occitano-Català
    Bonavista, 10, pral., 1a.
    08012 Barcelona
    Telf.: (343) 217 74 48
    Fax: (343) 217 74 48

15

MITJANS DE COMUNICACIÓ

Centre Internacional de Premsa de Barcelona
    Rambla de Catalunya, 10, 1r.
    08007 Barcelona
    Telf.: (343) 318 28 81
    Fax: (343) 317 83 86

Programació Catalana de Radio Exterior de España
    Ràdio 4
    Passeig de Gràcia, 1
    08007 Barcelona
    Telf.: (343) 302 16 16

Índex